フツーの地球人が新しい地球と
自分に出会うための異次元の旅

シリウス旅行記

∞ ishi
ドクタードルフィン
松久 正

GAIA'S TRIP TO SIRIUS

VOICE

３人の神様は、今こそ三位一体となって力を発揮したいと思っていた。そんなタイミングで、あなたが３人の神様に助けを求めて感謝を捧げたでしょ。そのとき、神様たちのエネルギーがパーフェクトな形でトライアングルになり、そのエネルギーがあなたに向かって発動したのよ。

Gaia's Trip to Sirius **Chapter 1** / いざ、高次元シリウスへ　/P43より

今、あなたはジェットコースターの
一部になったの。
だから、あなたの意識が
ジェットコースターの意識になるのよ。
右に回ると思えば右。
左に曲がると思えば左。
回転すると思えば回転。
あなたが進む道を創っていくの。

Gaia's Trip to Sirius
Chapter4 / 遊園地の国　/P91より

勇気が湧いてくる龍のエネルギー

マリア様の慈愛のエネルギー
Power charged by Doctor Dolphin

すべての感覚が拡大する
この暗闇の中で今、
マリア様の慈愛のエネルギー
が僕を包み込んだ。

Gaia's Trip to Sirius

Chapter 5 / お化け屋敷の国　/P124より

「ダメな自分を燃やしつくす！ 自信のない自分も燃やしつくす！ そして、そう思ってしまう自分の性格も燃やしつくす！」
言葉に出している端から、炎が燃え上がるように、宙に発信された言葉たちがメラメラと燃えては消えていくようだった。

Gaia's Trip to Sirius
Chapter 7 / 水晶の国 /P170より

セントジャーメインの変容のエネルギー

観音様の全身から放射されるピンク色の光が
レーザー光線のように空間を埋め尽くす。
そのとき、愛と言われるエネルギーの本質は、
本来ならこんな感覚だったんだ、という
衝撃が心臓のあたりをめがけて
飛び込んできた。
観音様の無償の愛のエネルギー
Power charged by Doctor Dolphin

Gaia's Trip to Sirius Chapter 7 / 水晶の国 /P173より

フツーの地球人が新しい地球と
自分に出会うための異次元の旅

シリウス旅行記

∞ ishi
ドクタードルフィン
松久 正

GAIA'S TRIP TO SIRIUS

VOICE

はじめに

この物語の主人公《ヒーロー&ヒロイン》はあなたです。

物語のヒーローやヒロインと言うと、あなたは何か〝特別な人〟のことを思い浮かべるかもしれません。

たとえば、悪を倒す無敵のスーパーマンや一世一代のモテ男に、お城に住むお姫様、そしてハリウッドのセレブな人たちなど……。

男性なら強くて、賢くて、お金持ちで、そしてカッコいい人がヒーロー。

女性なら美人で、スタイルが良くて、聡明で、そしてヒーローに選ばれる人がヒロイン。

確かに、そんな人たちはヒーローやヒロインと呼べるでしょう。

「とりあえず、自分のことじゃない……」

ほとんどの人がそう思うのではないでしょうか。

でも、あなただって、いえ、あなたこそがヒーローやヒロインなのです。


「でも、僕は平凡な人間で、何の取り柄もない！」

「これまで、ずっと落ちこぼれの人生を送ってきた」

「私は、この人生でまだ何も達成していないわ」


そう思い、悩みもがいているフツーの人たちにこそ、この物語を読んでいただきたいのです。

この本のストーリーでは、ひとりのフツーな、いや、フツーよりももっとさえないと自分で信じ込んでいるサラリーマンが主人公です。

でも、そんなさえないサラリーマンが、シリウスを旅行してさまざまな体験をすることで、新しい自分に生まれ変わり、パラレルワールドに移行して、新しい生き方を見つけていきます。


読者の皆さんも、主人公と一緒にシリウスを旅してほしいのです。

実は、そのための〝仕掛け〟がこの本にはたくさん詰まっています。
それは、新しい世界への扉を開くために必要な宇宙の叡智《えいち》を受け取る松果体のポータルを開く仕掛けと言ってもいいでしょう。

まず、各ストーリーのテーマに合わせたエネルギーをイラストに特別にチャージしています。
たとえば、それらは、①地球のパワーとつながるエネルギーに、②自分の内側から勇気が湧いてくる龍のエネルギー、③マリア様の慈愛のエネルギーに、④セントジャーメインの変容のエネルギー、そして、⑤観音様の無償の愛のエネルギーなどです。

主人公がシリウスで浴びるそれぞれのエネルギーを、あなたもストーリーを追いながらイラストを見て感じてみてください。

次に、各章ごとにパワフルな神聖幾何学模様やフラクタル模様などが本書の物語のページに敷かれています。

つまり、本を読んでいるだけであなたのエネルギーは調整されるのです。

きっと一冊を読み終えた後には、エネルギーがチャージされたイラストのパワーと併せて、理想のパラレルワールドへ移行でき、あなた自身にも必要な変容が起きているはずです。

あなたは、どんな新しい自分になりたいですか？

あなたは、どんな新しい人生を送りたいのでしょうか？

さあ、それでは、その答えを見つけに今から早速シリウスへと飛び立ちましょう！

ドクタードルフィン　松久正

目次

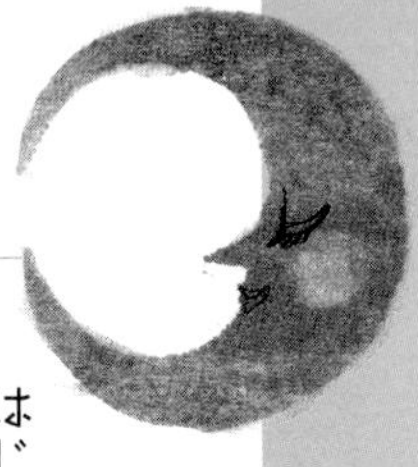

はじめに……2

Chapter 1

いざ、高次元シリウスへ……13

●これが僕の人生……14
●熱量ナシの日々……19
●初めての〝祈り〟……23
●太陽と月と海と……28
●僕は死んだ!?……33
●選ばれた理由……37
●僕が地球のインフルエンサーに!?……42
●君の名は?……46

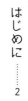

Chapter 2

ようこそ、高次元シリウスへ……49
●シリウスBという場所……50
●地球人ごっこ……52

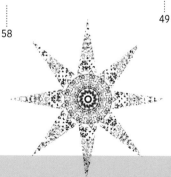

Chapter 3

動物の国……57
●「動物園」ではなく「動物の国」……58
●イルカになったガイア君……61
●芸をして喜ばせたいイルカもいる……64
●すべてはつながっている……67

Chapter 4

遊園地の国……75

●ジェットコースターはお好き?……76
●シリウスの時間……80
●ネガティブグセが治らない!?……83
●ブルードラゴン号に乗る……86
●レールは自分で創っている……91

Chapter 5

お化け屋敷の国……97

●それは、死を体験する場所……98
●音が怖い!?……102
●赤い色が怖い!?……107

●お線香の匂いが怖い!?……110
●風が怖い!?……114
●水が怖い!?……117
●バケモノが怖い……119

Chapter 6

戦争の国……125

●戦争と平和……126
●戦場コロシアム……130
●赤い軍と青い軍……133
●ガイア君、戦士になる……138

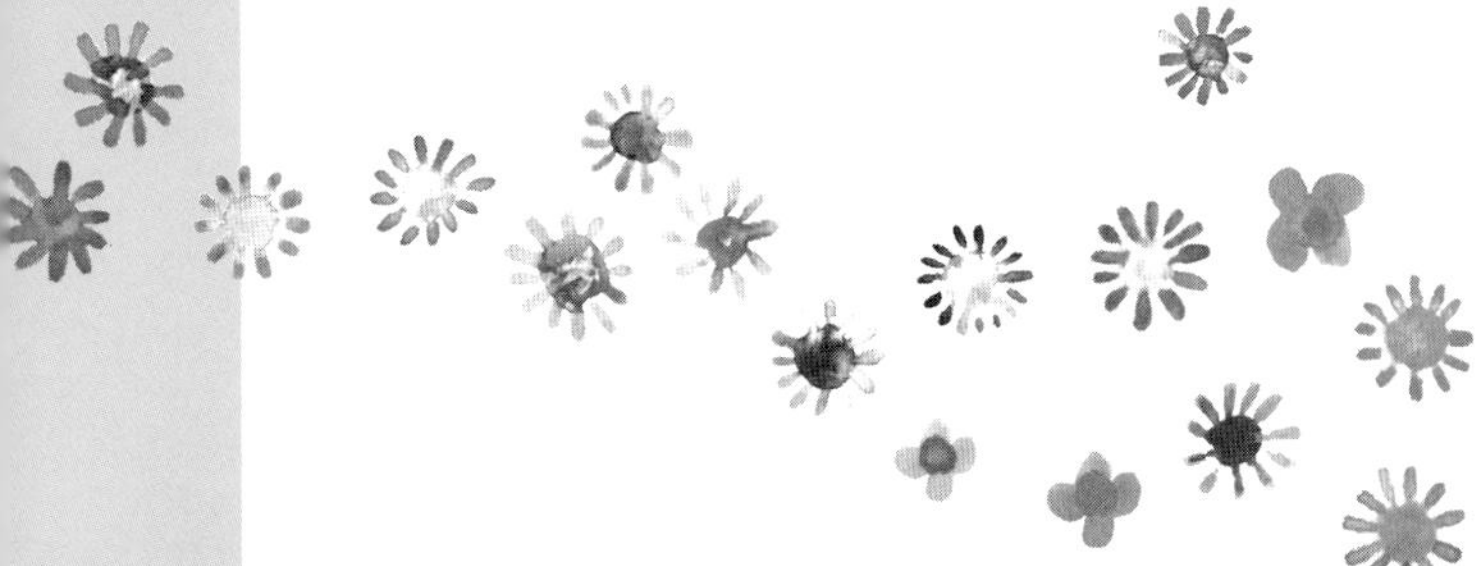

Chapter 7

●ガイア君、死す!?……142
●もうひとつの戦争……147
●キノコ雲……151

水晶の国……155

●クリスタルシティ……156
●今一番欲しいモノ……162
●パノラマワールド……164
●セントジャーメインの紫の炎で過去の自分にサヨナラ……169
●観音様が与えてくれる無償の愛……171
●扉の外にあるのは、二つの道……176

Chapter 8

さあ、新しい僕へ、新しい地球へ……179

●ひとつのパラレル……180

●もうひとつのパラレル……183

おわりに……188

Chapter 1

いざ、高次元シリウスへ

これが僕の人生

日向ぼっこ気分で気持ちよく寝ていた僕の耳に、聞きなれた同僚たちの声が響いてくる。

あれ？　僕はどこにいるんだっけ？

夢と現実の狭間をうとうとと漂いながら、恐る恐る目を覚ます。

机にうつ伏せになっていた顔を上げると、そこはオフィスの自分のデスクだった。

目の前には、コンビニで買ったアイスカフェラテの空になったカップと、おにぎりからはずしたセロファンが2枚、食べ終えたプリンのカップがそのまま置かれている。

今は13時を過ぎて、ちょうどランチタイムを終えた同僚たちがぞくぞくとオフィスに戻ってきているところだ。

ここで、簡単に僕の自己紹介をしておきたい。

名前は、中村凱亜《がいあ》。35歳。

そう、僕の名前はガイアという、いわばキラキラネームのはしりのようなクセのある珍しい名前。

35年前に、親の自己満足でつけられたこのガイアいう自分の名前のことを、僕はずっとカッコ悪いし、恥ずかしいと思ってきた。

戦隊系のヒーローのような名前をつけられた僕は、おかげさまで完全に名前負けの人生を送ってきた。

何ひとつ目立つところのない僕の唯一目立つポイントを挙げるなら、この名前だけと言えるだろう。

将来、もし自分が子どもを持つ機会があるのなら、ぜひ、誰もがスルーしてくれるような、ありきたりでノーマルな名前をつけたいと思っている。

キラキラネームをつけられた子どもは、生まれた時点で、〝自分の名前を超える〟という人生を送るミッションを背負ってしまうことを親御さんたちは忘れないでほしい。

さて、のっけから話は逸れてしまった。

僕は、中堅の不動産会社の子会社の横浜営業所に勤める平凡なサラリーマン。

一見、それなりのサラリーマンっぽく聞こえるかもしれないけれど、言ってみれば、本社勤務ができなかった落ちこぼれでもある。

それでは、僕の薄っぺらなキャリアを、ここでもう少し詳しくひも解いてみよう。

僕は、新卒で本社に入社してはや2年目で子会社に転勤になり、その時点で出世街道からはずれてしまった口だ。

そして、そこから約10年、現在の僕のメインの仕事は、取引先や顧客リストの管理をすること。

正直言って、何歳も年下の後輩たちの方が責任のある重要な業務についているし、営業所なのに営業に出ていない僕は、どうやら、上司からもデキない奴というレッテルを貼られているようだ。

それも、当然だろう。

というのも、僕は大学受験を一浪したあげくに、誰もが「大学名を聞いてすみませんでした（汗）」と気遣うような名もない三流大学に入ってしまい、キャリアという意味ではスタート時点からすでに落ちこぼれていた。

そんな僕が、一人前にある程度名前の通った会社に就職できただけでも本来なら超ラッキーだったのだ。

これも、同じ大学出身の先輩で役員にまで上り詰めた立派な人がいたからだ。

就職が決まったときに、勉強も部活も受験も常に挫折の連続だった僕をずっと見守ってきた母親の喜びようったらなかった。

今思えば、そのときが、僕の人生のピークだったのかもしれない。

母親を喜ばせたのは、長い35年間の人生で、もしかして、あのときだけだったのではないだろうか？

母親とは、やっぱり偉大な存在だ。

一人っ子の僕が、常に人生の大きな勝負どころで失敗しても、いつも気遣ってくれるやさしい存在だった。

でも、そのやさしさが僕にとって鬱陶《うっとう》しいこともあるのだ。

ときには、「あんたは、何をやってもダメね！」などとこっぴどく叱ってくれた方がまだ救われるというものだ。

一方で、大学の教授をしている父親は、僕が浪人したにもかかわらず、三流大学に入った時点ですべてをあきらめたようだった。

そこそこ名前の知られた大学に勤務する父親は、息子である僕の存在を隠して、いや抹消して生きているようなところがある。

自分のＤＮＡを引き継いだ子なら、こんな息子になるはずはない、という思いがあるからだろう。
僕が高校入試で偏差値を落としてまで受けた安全圏の高校に入れなかったあたりから、父親と母親は僕のことでケンカが絶えない日々を送り、今では冷め切った夫婦関係を続けている。

地球を意味する壮大な名前、ガイア君なんてキラキラネームをつけられた僕は、その壮大な名前とはうらはらに、いや、その名前の大きさとバランスをとるかのように、とてもちっぽけな人生を送るようになってしまった。

熱量ナシの日々

さて現在、父親とは、実家にいながらもすれ違いが多く（あえてすれ違うようにしているわけだが）、ほとんど会話もない日々がここ数年は続いている。

就職が決まった際にも、お祝いの言葉さえもなく、「ああ、そうか」で終わってしまったときの寒々しい感覚は忘れない。

父親から、自慢できない息子という烙印《らくいん》を押された僕は、肩身の狭い思いをしながら、父親の買ったマンションで実家暮らしをしているというわけだ。


当然、こんな僕に対する風当たりの強さは、家庭内だけではない。

落ちこぼれに対する社会の現実は厳しい。

僕より名前の知られた大学を出ている同期たちは、今でも全員ほとんど本社勤務だし、すでに会社を辞めた数名もヘッドハントされて大手の不動産会社へと転職していった。

さらには、プライベートの充実度も、キャリアの成功度に比例するものだというのもわかった。

どこを取ってもいいとこナシの僕は、イケメンからもほど遠く、独身で数年間彼女ナシ。

自宅から30分で通勤できるところに今の職場があることで、さらに自立ができなくなっている感じもする。

毎朝、母親に起こしてもらい、母親の作った朝食を食べる。そして毎晩、会社から帰宅すれば、同じように母親の作った夕食を食べて寝るという日々。

決してマザコンではないが、このラクな暮らしが身につくと、もう今更、この快適な暮らしは捨てられない。

もちろん、婚活のための出会いだって探していないわけじゃない。

でも、たまに後輩たちに誘われて行く合コンでは、女子たちから「え〜、自宅なんですか？35歳で？……」と言われて敬遠されてしまうのがオチ。

そう、独身男性が自宅住まいだと、結婚は縁遠くなってしまう。

とはいえ、そんな僕だって、アラサー前後の頃までは、まだ、なんとなく皆についていこうと必死だった。

仕事の面でも、なんとか頑張って一旗揚げたいと思っていたし、プライベートでも合コンにもよく顔を出していたものだ。

でも、最近ではすべてにあきらめてしまっている僕がいる。

あきらめたというよりも、今となっては、もはやただ、なんとなく生きるだけの日々になってしまったのだ。

人間、目標がない人生を生きることほどむなしいものはない。

同じ日々をたんたんと永遠に繰り返すだけ。

最近の若い子たちは、よく〝熱量〟という言葉を使うけれど、熱量がほぼゼロに近くなるほどすべてのことに鈍感になってしまった自分がいる。

以上、これがざっと僕のこれまでの人生です。

というわけで、今日もいつものように、ランチの時間に誰とも外に出かけることもなく、隣のビルのコンビニでおにぎり2個にアイスカフェラテ、そしてデザートのプリンを買ってきてランチをしていたというわけだ。

強がりではなく、一人メシの方が心地いいと思っている。

そして、誰もいない静かなオフィスで、食後につい眠気に襲われて机に伏せていたのだった。

初めての〝祈り〟

午後からの業務が再びはじまると、フロアには活気が戻ってきた。

わいわいがやがやと賑やかな社員たちの姿をあえて避けるかのように、僕は、中央のフロアに背を向けて、オフィスの10階の窓際の自分の席から外を見つめる。

横浜の中心地から少し離れたこの場所からの景色は、見晴らしもよくなかなか絶景だったりする。

一日のうち、太陽が空の真ん中から少し傾きはじめて、一番日差しの強い今の時間に、窓際で暖かい光をぼんやり浴びていると気持ちいい。


さて、そろそろ午後の仕事でもするか……。


そう思った瞬間に、突然、ぽっかり空いた胸の奥から何かがこみ上げてきた。

よく「胸が痛い」と言うけれど、実際に胸が締め付けられるように痛くなって両手で胸を押さえる。

狭心症？　心筋梗塞？

とりあえず、それっぽい聞いたことのある病名が僕の頭をよぎる。

いや、違う。

それは、もう何年間もずっと自分の中で押さえ続けてきた感情の塊だった。

自分の中で隠し続けてきたものがもう胸の中で隠しきれないほど大きくなって、飛び出してきたのだ。


「自分は何をやっているんだ！」という自分に対する憤り。

「このままじゃダメだ。なんとかしなくちゃ！」という焦った自分。

「どうして、こんな自分になってしまったんだろう。こんなはずじゃなかったのに」という苛立《いらだ》ちと悲しみ。


もう、自分の気持ちにウソはつけなかった。

今、すべてが詰んでいる。

いつもと何ひとつ変わらない日常の中で、突然、不安と恐怖が襲ってきた。

他の社員たちのざわめきの中で、僕の場所だけ時間がもう何年間も止まっている。

今日に限って、どうしてこんな気持ちになるんだろう。

そのとき、僕は本能的に両手を絡めた。
それは、初めての行為なのに、まるで、催眠術にかけられたように自然に両手を合わせるという行為だった。

そして、オフィスのざわめきを背にして突然、太陽に向かって祈りはじめたのだ。
僕はキリストを信じるクリスチャンでもないし、ブッダを崇拝する仏教徒でもない。
でも今日は、そんな無宗教な僕でも、人知を超えた大きな力を持つ何かにすがりたかったのだ。

「太陽の神様。もし、太陽に神様がいるのなら、ぜひ、お願いします。僕に生きる力を取り戻させてください！　助けてください！　本当に助けてください！」

そんな言葉を実際に、ぶつぶつと声に出していた。

すると、胸のあたりがほんわかと温かくなった。

それはまるで、太陽の神様が返事をくれたようだった。

ふと、ガバッと後ろを振り向いて、「誰にも見られていないよな？」と確認をしてみる。

ついに僕も神頼み、いや太陽神頼みをするときがきたというのだろうか。

我ながら世も末だな、と思った。

〝祈り〟の効果なんてわからない。

それでも、僕の大きな不安と落ち込んだ気持ちは、ほんの少し軽くなった。

☆太陽と月と海と

残業もなく定時に家に戻れる日に僕がすること。

いつものように母親の手作りの夕飯を食べてお風呂に入ると、軽くビールを飲みながらスマホでゲームをしたり、ＴＶを観たりして寝るまでゴロゴロすることだけ。

そして、次の日にまた朝が来ることを、その一瞬だけは忘れること。

それが僕の習慣だ。


でも、今日は少しだけ違った。

昼間のいつもの僕らしくない出来事があったからか、ＴＶをのんびり観る気分にもなれなかった。

この日は、お風呂から上がると、冷蔵庫から取り出したビールを1本手にして、そうそうと自分の部屋に引きこもってしまった。

みなとみらいのマンションから窓の外を覗《のぞ》くと、満月が夜空に浮かんでいる。

今晩は風ひとつなく、月夜に照らされている横浜の海も、1枚の絵のようにおだやかに黒い色をたたえて広がっている。

父親の買った高層マンションの一室は、横浜の海が一望できる景色が自慢のマンションだ。

このマンションが、父親が人生を懸けて働いてきた証のようなものになるのだろう。

一応サラリーマンをしながらも、いまだに住むところも食べるものも両親にパラサイトしている僕。

なんだかんだと言いながら、両親はこんな僕を許してくれているし、見守ってくれているんだな。

いつもはなにかにつけて父親に対して反発しがちなのに、今日に限って両親からの目線で自分のことを客観的にみられる自分がいる。すると、今の自分の境遇がとてもありがたく感じられた。

ちょっぴりセンチメンタルになるのは、昼間の祈りを捧げた自分がまだどこかに残っているのだろう。

もう一度、祈りを捧げたい。

でも今度は、「助けて！」という気持ちではなく、感謝の気持ちを捧げたいと思った。

窓の外の満月の青白い光に向かって僕はつぶやいた。

「月の神さま、ありがとう。こんなダメダメな僕を受け入れてくれてありがとう！」

それは、僕の両親に対する気持ちでもあった。

両親には恥ずかしくて直接言えない感謝の言葉をお月様に託してみた。

そのとき、それまで柔らかな白っぽい光を発していた月の光が、まるで僕に返事を返してくれるかのように強い光を投げかけてきた。

ちょうどタイミングよく、満月の上にかかっていた雲でも晴れたのだろうか。

続いて、眼下に広がる海の神さまにも感謝を捧げた。

「海の神さま、ありがとう。こんなダメダメな僕なのに、生かしてくれてありがとう」

目的もなく、夢さえもないこの僕が毎日、健康でのほほんと生きている。

母親が作ってくれる美味しい食事を食べ、父親が買ったマンションでのうのうと生きている。

無宗教で、神も仏も初詣や法事のときにしか触れない僕だからこそ、感謝を捧げる対象は何でもよかった。

でも、僕にとっての神さまは、自然に手を合わせたくなるような存在であるべきだった。

それは、人間の力の及ばないところに存在している自然界の存在たち。

その中でも、畏敬の念を抱けるのは、僕にとって太陽や月や海という存在だった。

すると、海の神様も、僕の言葉にまるで反応してくれたかのように、海面を大きく揺らしてくれた。

きっと、ちょうどこのタイミングで強い風が海上に吹いたのだろう。

その夜は、早めに床に就くことにした。

明日の朝からは、また、いつもの日々が待っているからこそ、ちょっぴり特別な気持ちになれた感覚をせめて味わいながらゆっくり眠りにつきたい。

夢の中では、せめてイケてる自分になれないかなと願いながら……。

僕は死んだ!?

かくして、それは起こった。

ベッドの中で浅い眠りから深い眠りに入る頃、突然、異変を感じた。
まだ、夜中のはずなのに、瞼の向こう側がどんどん明るくなってきたのだ。
寝ぼけまなこの中、目を刺すようなあまりのまぶしさに、両手で目を覆って考えてみる。

「もう朝？　いつも遮光カーテンは閉め忘れないはずだけれど……」

布団を頭から被って光を避けようと思っても、どんどん明るさは増してくる。
その明るさは、毛布と布団を被った中からも、朝日の明るさどころではない光の量であり、また、電灯の明るさでないことがだんだんわかってきた。

ついに、思い切って布団から顔を出してみる。

その前に布団の隙間から窓際をチラリと見ると、遮光カーテンはしっかりと閉まっている。


やばい！　まずい！


ドキドキする心臓の鼓動がさらに速くなって、もうパニック寸前。

部屋の中は、すでにまばゆい光であふれている。勇気を出して薄目で部屋の中を見渡すと、目の前の少し上の方にピンク色をした光が凝縮していて、そこに何かがいるように見える。

それは、なんとなく人のような形をしている。

とにかく、こんな深夜に我が家には両親以外の人間はいない。

強盗でないなら、お化け!?

そんな思いが浮かんできた瞬間に、金縛りにあったように動けない。

声さえ出すことができれば、奥の部屋で寝ているはずの両親が駆けつけてくれるだろう。

でも、声を出したくても、う～といううなり声が出るばかりで声は出ない。


そのとき、まったく別の考えが浮かんできた。

それは、「僕は死んだのだろうか？」ということ。

昨日の昼間、珍しく僕は自分の人生を振り返っていた。そして、自分の人生を嘆き哀れんでいた。

そして、珍しく、ここまで自分が生きて来られたことにも感謝をしていた。


人間とは、死ぬ前に突飛な行動に出るという。

あれは、僕の死ぬ前兆だったのだろうか。

とはいっても、病死をする気配はなかったことを考えると、僕は思い詰めたあげくに自殺をしてしまったのだろうか？

たったのビール1缶程度で酔っ払うはずはないのに、自分は何をやらかしたんだろう。

どうやって、死に至ってしまったんだろう、と両手で自分の身体を傷つけていないかと手足を触ろうとしても、身体が動かない。

どちらにしても、この光がよくいわれている〝お迎え〟というやつか。


「大丈夫。あなたは、生きているわ。死んでないわよ！」

突然、そんな僕の思考を読み取るかのように、リアルな声が部屋中に響いてきた。

その声は、夢でも妄想でもない、実際のナマの声だったことにさらにギョッとする。

そして、その声で金縛りが一気に解けた。


いつの間にか、光の真ん中でもやもやとピンク色に輝いていた光の塊のようなモノは、今や、一人の女性の姿になっていた。

でも、その姿はピンク色の光の中で透けた身体をしていて、手を伸ばすと向こうに抜けてしまいそうだ。

これって、やっぱりお化けじゃない？

ホラー系の動画によくあるよね、こういう半分透明感のある物体。

「違うわ。私は高次元シリウスからやってきたの。あなたを今から私の故郷、シリウスにお連れするわ！」

選ばれた理由

何を言っているのか、まったく意味がわからない。

これが、TVのUFO特番とかでやっている、エイリアンによる「アブダクション（誘拐）」とかいうヤツ!?

だんだん冷静になってきた僕は、少しずつ頭が回転しはじめた。

まず、この目の前のピンク色の存在は、僕の疑問にいちいち答えてくれるし、どうやら雰囲気的にも、そんな悪いエイリアンや悪霊、お化けなどのような存在ではなさそうだ。

そう思うと、少し心臓の鼓動も落ちついてきた。すると、目の前のピンクの存在はさらに語りはじめる。

「そう、悪霊やお化けでもないわよ。あなたは、シリウスの評議会のメンバーたちに選ばれたのよ！」

「は？　どういうこと？　評議会？　どうして僕？」

キタキタ。宇宙系の物語には絶対に〝評議会〟が出てくるんだよ。

「私たちのシリウスの評議会における会議で、地球人を1人シリウスに連れてくることに決定したの。そのとき、〝こんな地球人を選ぼう〟という基準があらかじめ定められたの。その人は、①特徴のない普通の地球人であること、②地球人の定める「こうしなければ」という常識や固定観念の中で苦しみ、人生で失敗してきた人、③それでも、感謝の気持ちを忘れず大事にしているピュアな魂の持ち主、という3つの条件をクリアした人であるべき、ということだったの」

「それ、要するにダメ人間ってことだよね。それって、僕そのものだよ。とはいっても、僕が選ばれたのは光栄ではありますが、僕だけじゃなくてまだそんな人、地球にはたくさんいるんじゃやないの？　僕って、この地球上でそこまで最低レベルだったわけ？」

選ばれる条件を聞いて、ちょっとムッとしたのは確かだ。
だって、ダメ人間を選べ、という指令なんだもの。
まだ、半分夢を見ているのかもしれないと思いつつ、もし、そうならば、この際、思うことはすべて突っ込んでおこう。

「確かに、そんな人は多いわ。でも、誰をシリウスへ連れてくるべきかと、候補にあがった地球人たちの松果体をスキャニングしていたときに、あなたを偶然に見つけたの。人間の脳の中心部分、**額の第3の目の奥にある松果体という器官は、宇宙の叡智を受け止めて、そのエネルギーを地球で生きる上に必要なエネルギーとして変換できる場所**でもあるの。あなたが、昨日のお昼に、太陽に向けて祈りを捧げていたときに、あなたの〝今、どうしても目覚めたい〟というエネルギーが大きくうねるように発動したことから松果体のポータルが開いたのよ。そのときから、私たちは、あなたに注目をしはじめたのよ」

「そうなんだ……。実は、昨日に限ってだけど、〝もう、変わりたい！〟って思ったんだよ」

「その後、あなたは月と海にも祈りを捧げたわね。実は、**これから地球全体がさらに波動を上げていくためには、地球人たちの魂レベルがアップする必要があるの。そのためにも、より神の力を必要とする時代がやって来ているの。**すでに、大天使やアセンディッドマスターたちをはじめ、多くのスピリチュアルなエネルギーが地球をサポートしにやって来ているわ。その中でも、特に日本の人は、自然の中に存在する神のエネルギーをきちんと受け止められる稀有《けう》な人たちなのよ。今、**私たちが選びたいのは、その神の力を受け入れ、そして、神からもきちんと愛されている人、**ということだったの」

「でも、僕は自分が神様に愛されているという感じはしないな……」

それは本心だった。
神様どころか、誰からも愛されていない。
まあ、強いて言えば、母親くらいだな、と思っているとさらに目の前のピンクさんは続ける。

☆僕が地球のインフルエンサーに⁉

「それは、あなたがそう思っているだけ。あなたは、父親からだって愛されているわよ。そして、おめでとう！　あなたは、日本の神様たちから愛されたの。日本における最古の神、イザナギとイザナミから生まれた太陽のアマテラス、月のツキヨミ、海のスサノオの神たちが〝三貴子（三貴神）〟と呼ばれて、日本の最もパワフルな神様たちだということはご存じよね。でも、神話にもあるように、スサノオとツキヨミの神様の力は長い間、封印されていた。けれども最近、スサノオとツキヨミの神様たちのエネルギーも解放されたことで、日本の霊性も開いたのよ。今、３人の神様たちは再び兄弟が勢ぞろいできたことでお喜びになっているの」

「アマテラスとツキヨミとスサノオは兄弟だったんですか？　詳しいですね。知りませんでした」

「そうよ。とにかく、3人の神様たちは今こそ三位一体として力を発揮したいと思っていたところだった。そんなタイミングで、**あなたがこの3人の神様に助けを求め、感謝を捧げたでしょ。そのとき、神様たちのエネルギーがパーフェクトな形でトライアングルになり、そのエネルギーがあなたに向かって発動した**のよ。こんなふうに神様に愛されたことが、私たちがあなたを選ぶ決定的な要因になったのよ」

「そうなんだ……。でも、そもそも、どうして地球から1人選んでおたくの星に連れていく必要があるの？」

僕は、そもそもそこが知りたいのだ。

すると、ピンクさんはとうとうと地球の歴史を語りはじめた。

「私たちは、地球を長い間、ずっと見守ってきたの。たとえば、古代の地球は、今と違って愛と調和のエネルギーに満ちあふれていたすばらしい場所だったわ。太古のレムリア時代などは地球自体もエネルギーが高く、物理的にも今の私たちの高次元シリウスのように半透明の時代があったりしたの。でも、**だんだんと人類の間でエゴがむき出しになってくると、エネルギーも低くなり、地球はより物質的な世界に支配されるようになった。**地球も半透明から物質的な形を取りはじめたわ。そして、地球は争いと平和を繰り返してきた今、人類は平和を享受するのではなく、平和ボケしてしまった。幸せな人がいれば、その幸せを称えるのではなく、妬みと嫉妬が渦巻く地球になってしまった」

「確かに、僕は出世した同期たちを妬んで嫉妬していたな」

〝していた〟と過去形になっているのも、今では、もう妬みや嫉妬も通り越してしまい、すべてをあきらめる時代に突入しているからだ。

「とにかく、そのような人々の住む地球では進化できないの。だって私たちは、あのレムリアが迎えた最後のようなことを繰り返してほしくないのよ。レムリアの女王が愛と調和を取り戻そうと、自分が自ら海に沈んで命を落とし、結局、レムリアも沈んで消滅してしまったようなことをね。今こそ、地球の人には私たちの愛と調和を保つ生き方を学んでほしいのよ。私たちが選んだ人がシリウスで学び、地球に戻ってきたときに、その人の小さな一歩からすべてが波紋のように世界を変えていくことを知っているのよ」

「いい話ですね。でも、僕はそんな〝意識高い系〟ではないんですよ。そんなに影響力のある人間じゃない。そんなこと、僕の人生を見てもうわかっているでしょう。地球には今、〝インフルエンサー〟なんていう人たちがインスタとかＳＮＳにいっぱいいますよ」

語り部のように長々と物語を語るピンクさんの話はよくわかる。

でも、彼女は僕のことを買いかぶりすぎだと思う。

「**地球でインフルエンサーと言われている人たちが、私たちのセンサーに引っかかるわけではないのよ。成功者が世界に気づきを与えられるわけじゃない。**私たちがどういう条件であなたを選んだか、言ったわよね、ガイア君！」

君の名は？

「えっ、僕の名前を知っているんですね。ところで、君の名は？」
そろそろ名前を聞いてもいいかな、と思った。

「私はシリウスの集合意識がひとつの生命体として現れているだけだから、名前はないの。でも、私たちも高次元の生命体として、それぞれが振動数を自由に変化させて存在しているので、名前をつけあって遊ぶことはあるわ。たとえば、お互いをエネルギーの感覚で名づけたりしてね。水のように穏やかなエネルギーなら〝ウォーター〟。楽しいエネルギーなら〝ジョイ〟、気品のあるエネルギーなら〝グレイス〟とかね。私のことは、シリウスからなので、シリウスと呼んでもらえればそれでいいわよ」

「わかった、じゃあシリウスさんって呼びますね。でも、見た目的にはシリウスちゃんかな」

「どっちでもいいわよ（笑）」

宙に浮いたピンク色の光の玉の中にいるシリウスさんが、僕に両手を伸ばしてきて僕の両手を取る。

ドキッとしたその瞬間、ビリビリビリ！　と手から全身が痺《しび》れてしまうような感覚を受けた。

「話はこれくらいにして、そろそろ行きましょうか！　後は向こうについてからお話しするわ」

すると、あたり一帯にジーンと蜂が飛ぶような音がしはじめた。

その音がマックスレベルで部屋中に大きくなり、はじけたような衝撃を受けたか思うと、

僕とシリウスさん、いや、シリウスちゃん（以降、〝さん〟と呼ぶには、ちょっとカワイイ

ので〝ちゃん〟と呼ぼうと決めた）は、真空の中にあるスポットにいた。

後で聞いたところによると、その振動音こそ、その場の周波数が変わる音だということだった。

こうして、シリウスちゃんと僕は宇宙船に乗ることもなく、どうやらシリウスBという場所へ到着したらしかった。

Chapter 2

ようこそ、高次元シリウスへ

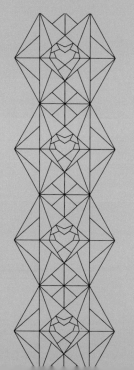

シリウスBという場所

そこは、別の惑星というよりも、次元の違う空間という感じの場所だった。

映画などで見る火星や金星みたいな場所を想像していたら、まったく違っていた。

ちょっと『スター・ウォーズ』や『スター・トレック』などを見すぎていたかもしれない。


とにかく、ここは、〝なんとなく〟という言葉がぴったりの場所。

地球のように、手でがっつりと触って確かめて、「これがある」「あれがある」という感覚がつかめない感じ。

それなのに、バーチャルだけではない、〝ないことはない〟というのもわかる場所。

きちんとそれはあるのに、手の間をすり抜けるようなつかみどころのない空気感。

これがいわゆる〝次元が高い〟という場所の感覚なのかな。

シリウスちゃんに手をつながれてふわふわと空間に漂いながら、あちこちにシャボン玉のように浮かんでいるエネルギーの球体とすれ違う。

面白いことに、あたりを行き交うエネルギーの塊を見るだけで、そのエネルギーの本質が何であるかが簡単にわかるのだ。

たとえば、色だけでなく、そのエネルギーが温かいのか冷たいのか、それが甘いのか酸っぱいのか、楽しいのか悲しいのか、など。

そして、そのエネルギーがやさしそうなのか、笑えるほどユーモラスなのか、シニカルなのか、また、ざらざらしているのか、つるつるなのか、ギザギザなのか、そんなことも識別できる。

そういった情報が一気に僕の中になだれ込んでくるのだ。

そんな飛び交うエネルギーの球体を眺めながらきょろきょろしていると、隣でシリウスちゃんが早速ツアーガイドとして説明をはじめる。

「早速、ここを観察しているみたいね。そう、**ここには、時間も空間も重力もほとんどないのよ。だから、過去も未来もない。いつでもどこへでも瞬間移動できる**わ。でも、それが普通になってしまうと、ちょっと退屈してしまうから、私たちはエネルギーを上げたり下げたりして、ときには身体を持って身体を持たないと学べない体験も楽しんだりするの」

地球人ごっこ

「なんだか、高度な遊びをするんですね」

人間なんかよりも、うんと進化している存在みたいなのに、どうしてそんなことをするんだろうと思っていると、僕の疑問を瞬時に理解したシリウスちゃんが答える。

「そう（笑）。だって、ここでは、エネルギーの球体を見ただけで、〝このエネルギーが何を考えているのか〟ということがすぐにわかるでしょ？　ここではすべてが丸裸で、丸見え。だから、わざとエネルギーを落として、身体を持ち、相手が何を考えているのか、という相手の本心を読むような遊びもするの。つまり、地球の人間のような存在を演じるということ。**地球の人は脳を持っていて、脳が思考や知識、感情の中継地点になり、考えていることを外に発信するときには、それらもピュアな情報ではなくなってしまっている**でしょ。そんなふうに、あえて身体を持つことで、地球の人のように悩みや困難を体験してそれを解決したりする。そうすることで、自分たちのエネルギーを上げることにもつながる、というわけ。そうやって私たちもまた成長するのよ」

「なるほどね。高度な存在でいるためにも、ときには、あえて低次元の存在になるというわけだ」

「でも、それはレベルが低い、という意味じゃないのよ。だって、身体を持つとダンスができるし、ハグもできるし、格闘技だってできるし、歌だって歌える。身体を持つってすばらしいのよ！」

「なるほどね。そういう話を聞くと、地球人も捨てたものじゃないね」

「そういうこと。でも、もし地球の人に学んでほしいことがあるとするなら、あなたたちは**常にひとつの感情に縛られてしまう、ということ。それが争いの原因にもなるのよ。私たちは、同時に複数の感情を持つことができるの。**地球で言うと、イルカのような存在ね。それに、**同時に複数の感情を持つということは、執着を持たない、ということでもあるの。そして、自分がどんな感情を置いたとしても、そこに意味を置くのは観察者の方、ということ。**私たちはさまざまな感情をお互いにぶつけあって遊ぶこともあるのよ」

「いわば地球人ごっこだね」

「たとえば、地球人で困っている人がいたとして、その人に〝おめでとう〟と言うと、言われた方は当然怒るわよね。だって、困っているときはなぐさめてほしいでしょ? でも本当はね、しばらくすると、〝あのときは、あんな言い方をしてくれてありがとう〟という状況が必ず来るのよ。そんなふうに、地球人は感情のチャンネルをひとつにしか合わせられないので、本来ならその瞬間に学べる機会があったとしても、学ぶことができなかったりするのよ。自分の望まないエネルギーを受けても、**成長できると思えば、本当ならゼロ秒で変われるのにね。**その人にとっては、そう言ってもらったことがギフトなのよ。だって、どんな感情であっても、それらがこちらに向けられていないということは無視されるってことだから」

「確かに、無視が一番キツいよね」

僕はときどき会社で周囲の人に無視されている? と思うことがあり、無視されることのつらさがわかるのだ。

無視されるよりも、文句を言われたり怒られたりする方がよほどましだというのもわかる。

「シリウスには無視するということはないのよ。**誰かを無視するということは、自分を無視するということ**だから。そして、わざと感情を損ねることを言って相手に気づかせたり、学ばせたりするわけなの」

「なるほど。なかなか深いこと言いますね」

シリウスという場所は、人間よりもうんと進化している場所なのに、意外にも人間らしく血の通った温かい場所のようなところかもしれない、と思えた。

「さあ、では案内するわ。ようこそ！　シリウスへ」

Chapter 3

動物の国

「動物園」ではなく「動物の国」

「最初はどこへ行きたい？」

「というか、ここにはどんなところがあるんですか？」

どこへ行きたい？と言われても、この機会にどこへでも行ってみたい、と思った。

「そうね。いろいろな国があるけれど、まずは、動物たちの国へ行ってみる？」

「ああ、動物園！　いいですね。地球とは違う動物もいるのかな」

「ここでは、動物たちが見世物みたいに、檻《おり》の中に入っていたりしないのよ。だから動物園というより、動物たちの国と言った方がいいかしら。宇宙のゲートになるシリウスでは、いろいろな惑星からの存在たちが集まる場所なの。だから、地球の人から見たら動物のエネルギーを持つ生命体も多いのよ。半分はヒューマノイドで半分は動物のエネルギーを持つ存在もいるのよ。もちろん、動物そのものもいるわよ。ここには、そんな動物のエネルギーを持つ存在たちが集まる場所があるの。早速、そこへ行ってみましょうか！」

そう言われて、お尻をポン！と叩かれると、僕たちは動物園、いや、動物の国のポータル（出入口）の中にすでに入っていた。

さっそく周囲を見渡すと、のそのそと巨大な象が背中に豪華な飾りをつけ、インドの王様みたいな人を乗せて歩いている。

メインストリートの通りの両端に生えているのは、ユーカリの木なのか、木の幹にコアラがつかまっていて、突然自分たちの近くに現れた僕たちを見ている。

その木の下の草むらからは、突然、シューシューと音をたてながら大きなヘビが首をぬっと立ち上げたまま、すごい勢いで地面を這って通り過ぎていった。

その向こうでは、サルがパンダを冷やかしているのか、パンダがゴロゴロ転がるのを後ろからサルがぴょんぴょんと飛びながら追いかけている。

ふと、サルがこちらの視線に気づいて、僕たちの方を「何しに来たんだ」という感じの顔つきで振り向く。

ここは、野生の王国というよりも、動物たちが自分たちの町をつくって暮らしている、そんな不思議な場所だった。


「完全に人間の方がヨソ者みたいですね。人間の方が檻に入れられちゃいそう……」

「それはないわよ（笑）。ここでは、動物たちは自分たち以外の存在と共存することを知っているから」


そう言われてこのアニマルワールドを見渡すと、確かにここでは、僕たちみたいなヒューマノイド系を除くと、動物たちが8割くらいを占めているようだ。

そして、地球なら決して食物連鎖の関係や気候、環境などで共存しないような動物たちが、ここでは一緒に暮らしている。

「でも、ガイア君が地球人だからかしら、地球ふうな動物たちが多いわね。ガイア君が想像する、ガイア君にとっての動物たちがここでは形をとって現れているのよ」

「だって、地球以外の動物なんて、見たことないからね」

めくるめくマジカルワールドに楽しくなってくると、ついに僕もシリウスちゃんに対してタメ口になってしまった。許してくれるかな。

「ここでは、動物になりきることもできるのよ。何になりたい？ そうそう、向こうの方には、海の中で生きる生き物たちもいるわよ。イルカに会ってみる？」

イルカになったガイア君

「いいね。僕は、一度イルカと泳いでみたいと思っていたんだ。でも、地球ではまだ実現していないけどね。ここで、それができるか…な！　ぐぐ〜！」

ドドドドドド……。

そう言うか言わないかというちに、僕の口にはゴボゴボと水が入ってきた。

なんということ。「水の中に入る」ということくらい事前に教えてほしいよ。

パニックになってあわてて身体をバタバタと動かしてみようとすると、あれれ、何か勝手が違う。

僕の意識はそのままなのに、身体の感覚があまりにも違う。

そのことを理解しようとした瞬間に、僕の身体は水の中で大きくうねると、バネのように背筋を伸ばしたと思った途端に、大きく水中から跳ね上がって軽くジャンプしていた。

目の前に、一匹のイルカがいる。

そのイルカこそ、イルカに変身したシリウスちゃんだった。

僕は泳げないことを急に思い出すと、目の前のイルカのシリウスちゃんに両手を上げてつかまろうとする。けれども、自分の両手が前に出ない。

——ウソだよね？ なんと、僕も、イルカになっている！

「ようこそ！ ここはシリウスの高次元ウォーターの中よ。人間の身体でイルカと一緒に泳ぐよりも、イルカになって泳いだ方がいいじゃない？ ここでしかできないことを、ぜひ体験してみてほしいの」

キュー……キキキキ…とイルカの鳴き声を上げるシリウスちゃんのイルカの鳴き声が、僕の頭の中にテレパシーのように瞬時に入ってくる。

ようやく、くるりと水中で身体を回転させてみると、そこは海というよりも、プールのような場所だった。

そして、プールの周囲はひな壇のような席がずらりと並び、そこには観客たちがちらほらと座っている。

珍しい動物や上半身だけ動物のような不思議な存在、半透明の存在や人間たちなど、さまざまな生命体たちが観客席で雑談をしながら座って、のんびりとした時間を過ごしている。

芸をして喜ばせたいイルカもいる

少し離れたプールの中央では、数匹のイルカたちが揃って連続ジャンプをして喝采を浴びていた。

プールの端にいる自分も皆の視線を浴びていることに気づいて、あわてて声を上げる。

でも、伝えたいことが、やはり「キューキュー！」という鳴き声にしかならない。

「なんだか、イルカになっているみたいだけど、心の準備もしていなかったから大変だよ。

でも、これって、どういうこと？ さっき、シリウスでは動物たちを見世物みたいなことにはしないって言っていたでしょ？ 僕、今、なんだか見世物になっていない？」

ぷかぷか水の中で浮きながらシリウスちゃんに鳴き声で伝えると、すぐにテレパシーで答えが戻ってくる。

「あら、何を言っているの。ここは、檻じゃないわ。イルカたちが晴れ舞台を見せるステージなのよ。イルカたちはショーをして皆を喜ばせたいと思っているの。だから、ここには観客席もついているの」

「なんだか、これって地球みたいだね。でも、最近の地球では、世界レベルで動物愛護の運動が盛んで、イルカに芸を仕込んでショーをさせるのは、虐待だって言われはじめているよ」

「あなたたち人間って、勝手よね。それって人間のエゴじゃない？ 海にいる野生のイルカは自然のままだからよくて、プールで芸をするイルカはかわいそう、ということなのね。でも、ここにいるイルカたちは、安全で守られた環境の中で、芸を磨いて拍手喝采をされることがうれしいのよ。ここで飛び跳ねて、皆に芸を見せているイルカたちは、自分たちが望んでここにいることを知っているから、ここへ来られてよかったとさえ思っている。野生のイルカは野生でいることを選び、ショーをするイルカはそのことを選んでいる。地球にいるイルカたちも、注目を浴びて、スターになりたいイルカたちが芸を披露しているのよ」

「知らなかった……。イルカたちにもそんな違いがあるんだね」

「あなたたち人間に個性があるのと同じじゃない？」

「でも、地球のイルカたちが苦しみながら芸をしているんじゃないことがわかってよかったよ」

「地球の常識が、ここでは非常識だということがこれでよくわかったでしょ」

すべてはつながっている

「とにかく、せっかくイルカになったんだから、ここでショーに参加してみましょうか？」

「いやいや、それはいいよ。イルカ体験だけで十分。僕、芸の訓練とかしていないから」

「ここでは、**地球のような訓練やレッスンというものがないの。すべて本番に臨むことで私たちは学んでいるのよ。**私も一緒に参加するから、次の出番で私たちの演技を披露しましょう。**私たちのエネルギーが共鳴すれば、一緒にどんなことだってできるわ**」

「普通なら、ありえないけれど、でも、旅の恥はかき捨てだね。なんだか知らないうちにきちんとこうやって上手く浮いているし、できると思ったらできるのかも。とにかく、シリウスちゃんの後についていくから！」

「私の後についてくるのはダメよ。そうすると、マインドの方が勝ってしまって、イルカに成りきれないわ。ここでは、私と呼吸をひとつにして、私とすべて一緒に同時に行うのよ」

まずい……。ヘタをすると、僕という人間に戻ってしまい、イルカなのにおぼれてしまうかもしれないんだ。

「いくわよ！」

シリウスちゃんの掛け声とともに僕も覚悟を決めた。

シリウスちゃんの意図が僕にすべて伝わってくると、僕の身体も一緒に動き出す。

もう迷いはなかった。

僕は今、イルカになっている。

それは、夢の中で空を飛んでいるときに、半覚醒状態で「こうやって夢だと飛べるんだな」

と思いながら夢を見ているようなそんな感じ。

ここがシリウスだと思うと、「なんだってできるんだ！」と思えるから不思議だ。


まずは、ゆっくりまっすぐ泳いだら、プールの真ん中まで行く。

あのあたりで、水中から空中に飛び上がると上からぶら下がっている輪をくぐる。

その後は、水中に戻り、シリウスちゃんと右回転でくるくる泳いだ後は、お互いが左右に分かれて泳ぐ。

これが本当のシンクロナイズドスイミングだ。

次に、シリウスちゃんの「1、2、3」の合図で両端から振り返って空中に飛び出すと空中で合体する。


ザッブンと水しぶきを立てて空へ向かった僕は、シリウスの太陽がまぶしくて、シリウスちゃんが見えなくて焦る。

「大丈夫！　光の中に飛び込んで！」

しっかりと響いてくるそのメッセージに、二匹のイルカは空中でXの字を描くようにクロスして合体する。

そのとき、すれ違う二つの魂がひとつになった。

僕もシリウスちゃんであり、シリウスちゃんも僕、という感覚。


すべては、つながっている。

すべては、ひとつ。

次の演技をプールの端で待つイルカたちも、観客席にいる多種多様な存在たちも、みんなひとつ。


この感覚は、体験してみないとわからない。

皆、姿もカタチもキャラクターもばらばらだけれど、それでもひとつだ。

魂が震えるような歓喜を味わっていると、やっと周囲から拍手と歓声が聞こえてきて、外の世界で何が起こっているかが理解できた。

アクロバティックな演技を終えて、再びシリウスちゃんと並んでプールの端まで泳いでゆく。

隣からシリウスちゃんがこちらを向いてウインクをする。

イルカになった姿のシリウスちゃんが本当にウインクをしたかどうかわからないけれど、僕にはそれがわかった。

熱くなった気分を冷やすように水の中をぐるぐる回っていると、動きが止まらない。

目が回る、と目を閉じた瞬間に、大きかった身体が急に軽くなり、かつ、細くなった気がした。

そう、僕はまた両足でイルカショーが行われているプールの外の地面に立っていたのだ。

聞こえてくるのは、また、その場を揺るがすような歓声と拍手。

「今度は、僕みたいな他の誰かが、同じようにイルカのショーに挑戦しているんだね！」

「どこの星からのチャレンジャーかしらね」

そういうとシリウスちゃんに手を引かれて、僕たちは動物たちの国を後にした。

なんだか、デートみたいで楽しい。

シリウスっていいところだな。

Chapter 4

遊園地の国

ジェットコースターはお好き？

「ガイア君、さて、次はどこへ行きたい？」

「やっぱり、楽しいところじゃないかな？」

シリウスちゃんの質問に、僕は「当然でしょ！」という感じで答える。

「そうよね。じゃあ、スリルを楽しめるところへ行きましょうか？　たとえば、シリウスの遊園地とか⁉」

「うーん……。遊園地か〜。でも一応、もう僕は大人だから、そんなに遊園地って気分じゃないんだよ」

「あら、でも、大人だってジェットコースターは大好きよね⁉」

「いやいや、正直いって、ジェットコースターとかキライなんだ。小学生の時に両親に連れられて行った遊園地で初めてジェットコースターに乗って、ちょっと怖い思いをしたことがあるんだ。だって、心の準備もできていないのに、ガタガタとゆっくり上へあがったと思ったら、突然、天辺《てっぺん》から真っ逆さまにすごいスピードで落ちるなんて。そんなこと、聞いてないよって。それも、あろうことか、ジェットコースター好きの父親が選んだのはわざわざ先頭の席。あの時のことを思い出すと、今でも手に汗がにじんでくるほどだよ」

そう、僕にとってジェットコースターは幼い頃の恐怖体験がトラウマになっていて、できれば、もうこの人生では二度と体験したくないもののひとつ。

ジェットコースターが好きな人の気持ちもわかるけれども、僕は正直、お金を払ってまで、ああいったスリルを味わいたいとも思わない。

何しろ、あのときの体験が原因で、高所恐怖症になり、大人になった今でも高いところは用事がないと行かないようにしている。

たとえば、東京タワーとかスカイツリーなんて誘われても行かないし、高層ビルのスカイレストランに行くなんてもってのほか。

　特に最近、命知らずの〝ルーファー※（Ｒｏｏｆｅｒ）〟と呼ばれる人たちが〝インスタ映え〟を狙って撮るセルフィー（自撮り）を見るだけで、身が縮む思いをしているくらいだ。

　少し前も、ある海外のルーファーが、自撮りの最中に超高層ビルの上から落下して死亡したなんてニュースもネットにあったな。


　ああ、まったく、こんなときに限って、そんな思い出したくないことが頭をよぎってくる。

　身体がゾゾッと身震いしてきた途端に、シリウスちゃんの声がする。


「大丈夫！　ここは地球じゃないから。ここはシリウスなのよ。時間も空間も自由に操れる場所だって言ったわよね？　すぐに思いも実現するワンダーランドよ。言ってみれば、本当の意味での遊園地と言えるかしら」

「確かに、シリウス全体が遊園地みたいなところだよね」

　じゃあ、地球では感じられないような楽しさも味わえるような場所なんだろうな、と少し興味が出てきた。

「そう。だからこそ、シリウスの遊園地には、あえて、スリルを味わって楽しむアトラクションもあるのよ。ここでは、地球みたいに時間や空間を設定して、エネルギー体の密度もわざと重くして身体を持って遊ぶの。そして、地球人が持つような不安や恐怖をあえて少し味わってみるの」

＊ルーファー
命綱なしで高層ビルやタワーなどの危険な場所でパフォーマンスをする人たち。その動画や自撮りをＳＮＳにアップしてフォロワーや視聴者数を増やして収入を得たりする。

シリウスの時間

「身体を持った感覚は軽かったり、重かったりでわかるけれど、ここでの時間の感覚というものはわからないや」

そういえば、ここへ来てどれくらい時間がたったかがわからない。

ずっと昼間のような気もするし、どうなんだろう。

「私たちは感覚で時間を捉えているのよ。たとえば、地球は24時間でしょ。でも、実際に地球時間に換算すると、ここは120時間あるの。実は、120って魔法の数字なのよ。120は1でも2でも3でも4でも5でも6でも8でも10でも12でも割れるという数字でしょ。数字の中でもここまでフレキシブルな数字は珍しいでしょ」

「確かに、ほとんどの数字で割れるんだね」

「それだけじゃないわ。たとえば、松果体が活性化するのは936ヘルツと言われていて、地球と共鳴する音は7・8ヘルツと言われている。936を7・8で割ると、なんと120になるのよ」

頭の中で計算しようと思ったけれどもできないので、後で、電卓をはじいてみようと思った。

「ということは、ここでの1時間は何分ということになるの？」

「シリウスは地球の太陽系ではないのはなんとなくわかるでしょ。私たちは、シリウスの属する銀河系にある光のおおもと、グレートセントラルサンの太陽系に属していて、シリウスはこのグレートセントラルサンの周囲を公転しているの。ここでは1時間は120分なの。でも、私たちは時間も感覚で捉えているの。太陽の光の照射の量で珪素のエネルギーが変化するのをシリコンホールで感知できるの。だから、ここではだれもが時計を持っていないのよ」

なるほど。最近は地球人たちも皆スマホを持ち歩くようになったので時計を持たなくなったけれども、それとこれとは違うようだ。

「それにね、ここでは〝何月〟という月はないの。1年は1200日くらいの感覚ね。一応、グレートセントラルサンがあるので季節はあるけれど。でも、私たちは身体のエネルギーを軽くすれば瞬間移動ができるように、時間も戻すことができるのよ。たとえば、50時間前に戻そう、というときは、そのときの太陽の光の量をイメージするの。そうすると、その時間に戻れるのよ」

「地球でそれができるなら、僕は、子どもの頃からやりなおすだろうね」

いや、それどころか、完璧な自分になるために永遠に時間を戻してしまうだろうな、とも思った。

「でも、ここでは時間は地球と同じように一方方向で動いているのよ」

ネガティブグセが治らない!?

「じゃあ、ここは地球の遊園地みたいな世界なの？」

それってどうなのよ、って僕は心の中で突っ込んでみたけれど、ここの人たちがスリルやハイテンションを味わうには地球っぽい演出が必要なのかもしれない。

「でもね、ガイア君。そんな状態になっても、自分ですべての目の前の現実をコントロールできるんだ、っていうことを学ぶ場所でもあるのよ。**あなたの意識が変わるだけで、つまり、あなたのエネルギーが高まるだけで、目の前の現実も結果も変えられるのよ。それも、喜びの中でね**」

「そうだよね。ここでは、すべて思い通りになるんだから。でも、逆に、それって怖いよ。怖いことを考えたらそのとおりになるんでしょ」

「そのとおりよ。っていうか、**あなたたち地球人って、ときどき理解に苦しむわね。だって、思ったとおりのことが実現する、というといつもポジティブなことよりもネガティブなことの方ばかりを考えてしまう。**どうしてかしら。とにかく、ここでは、そんな考え方だと、それが本当に現実になってしまうから、気をつけて！」

「本当だね。僕はいつもどちらかというと、良いことの方より悪いことの方をすぐに想像してしまうところがあるからね。だって、自分の人生には良いことが起きるってあまり信じられないから……」

と言いながら、頭の中に湧いてきたネガティブなインスタ映え狙いのルーファー君のイメージを消し去ろうとする。

「ガイア君、あなた、ネガティブグセ（癖）がついているわね」

「本当に、笑っちゃうよね。いや、笑えないか……」

思わず、自分でも吹き出してしまう。

「よかった！　その笑いで遊園地がコワいっていうイメージが少し消えたみたいね。じゃあ、さっそく、行ってみるわよ！」

「わかった。とにかく、せっかくここに来たんだから僕は変わらなきゃね。いや、変わりたいんだよ！」

そう言ったと思ったら、その瞬間にシリウスちゃんは僕のお尻をポン！と叩いた。

ブルードラゴン号に乗る

目の前に広がるのは、シリウスの遊園地だった。

一見して、地球のそれとどことなく似たようなテーマパーク風の遊園地は、いろいろな種類のシリウスの存在たちであふれていた。

人間らしき姿をした人々もいれば、動物のような生命体や見たこともないようなエイリアンたちもいる。

物理的な身体を持っている人もいれば、半透明の人もいるし、光の玉のようなエネルギー体だけの人もいる。

そんな珍しい生命体たちを見物していると、シリウスちゃんが指したのはジェットコースター。

「いい？　今から私たち、ジェットコースターに乗るから、エネルギーのレベルを下げるわよ。アトラクションの乗り物に乗るためにも、身体を物質化して自由度を下げるわね」

「となると、一度ジェットコースターに乗ったらもう逃げられないんだね」

「大丈夫よ。私が地の果てまで付き合うから」

これまで、瞬間移動できていた軽い身体が一気にズシン！と重力を受けたように重くなる。

ジェットコースター乗り場に向かって階段を上りはじめると、しばらく上ったあたりの途中から霞のような雲があたりに漂っている。

もう、怖くてとてもじゃないけれど、足元を見ることはできない。

僕、空の上まで上がって来ているのかな。

やっと乗り場らしき場所まで来ると、まるで僕たち二人だけのために予約されたように一台のジェットコースターには僕たちだけしか乗客はいない。

「今日は、このジェットコースターは、あなただけのためのものになるわよ」

「え!? どういうこと?」

すると、目の前の細長いジェットコースターが普通のジェットコースターから、青い色をしたジェットコースターに変わる。

ふと、先頭部分を見ると、さっきまで機械の部品を組み合わせて作ったいつものジェットコースターの形が、ツノを持ち、顔から髭を生やした龍の顔に変わっている。

思わず、ギラリと光る勇ましい龍の目と僕の目がバッチリ合ってしまった。

「今のあなたに必要なのは勇気ね。だから、ジェットコースターは青い龍に変わったのよ。青い色は勇気の色なの。あなたの弱点を知っているのね。もし、情熱が足りない人なら赤い色に。浄化が必要なら紫に。豊かさが必要ならオレンジになるのよ。あと、ドラゴンじゃなくて自由を味わいたい人はペガサスになったり、愛や真理を学びたい人はハトホルになる人もいるの」

ブルードラゴンを見ていると、なんだか、ネバーエンディングストーリーに出てきた白いドラゴンのようなキャラクター、ファルコンのことを思い出した。

シリウスちゃんに手を引かれて恐る恐る席に乗り込むと、ブルードラゴン号が口から青緑色の炎を噴く。

青緑色の火の粉が僕たちの頭にも上からシャワーのように降りかかってくる。

「うわ〜っ！　やけどするんじゃないの⁉」

あわてて身をよじって火の粉を避けようとすると、隣の席に座ったシリウスちゃんは両手を広げて幸せそうに火の粉を浴びている。

驚くことに、降りかかる青緑色の炎は冷たいアロマミストのようにひんやりと身体全体を包み込み、気持ちいい。

この青緑色のシャワーを浴びていると、背筋がすっと伸びてきて、何がやってきても大丈夫！　自分は、なんでもできそうだと思った。

「このなんでもできそうだ、っていう感覚が勇気なのかな？」

そうつぶやく僕の方を振り向き、にっこり笑ったシリウスちゃんが前を向くと、まるでそれが合図のように、ジェットコースターがスーッと動きはじめる。

そして、しばらくまっすぐ動いているなと思ったら、ついにガタガタガタと上へ向かって動きはじめた。

青緑色の炎のシャワーを浴びたせいか、なんだか興奮してワクワクしてきた。

☆レールは自分で創っている

「これがジェットコースターなんだ！」

でも、ふと目の前を見ると、雲が霞のように立ち込めてレールの先が見えない。どこへ行くんだろう？　右にカーブするのかな？　と思うとジェットコースターは右へ動きだす。

「ここでは、あなたが想像したことがそのままコースになっていくわよ。今、あなたはジェットコースターの一部になったの。だから、あなたの意識がジェットコースターの意識になるのよ。**右に回ると思えば右。左に曲がると思えば左。回転すると思えば回転。あなたが進む道を創っていくの**」

風を顔にびゅんびゅんと感じながら、ブルードラゴンの背中に乗って、自由自在に空を駆け巡っている僕は、まるで自分自身が鳥になって空を飛んでいるような気がしてきた。

あたりが雲一面だからか、不思議と恐怖感もない。

やっぱり、あの青緑の勇気の炎のおかげだ。

「じゃあ、もっと上に上ってみるね！」

強気になった僕は大胆にも、もっと上へ上がってみたくなった。

ジェットコースターは雲を吹き飛ばしながら、どんどん上へ上っていく。

すると、雲一面の下方にちらりと雲の合間が見えると、緑色の大地が少し見えた。ところどころ家のような建物がゴマ粒くらいに見える。

「え？　ジェットコースターにしては高すぎない？　飛行機レベルだよね、これ⁉」

そう思ったときはもう遅かった。

景色が見えた瞬間に僕の頭をよぎったのは、ルーファーが高層ビルから落ちていくビジョン。

するとジェットコースターがガタガタッと鈍い音を立てたと思ったら、すごい勢いで真っ逆さまに落ちはじめた。

一応、360度回転するレールの一部なのかと思ったら、どうやらブルードラゴン号はレールを外れているよう。

「うぁ〜ーーーー!!!」

「これも、あなたが想像したことなのよ」

不思議なことに、重力に引っ張られて超高速で落ちているはずなのに、まるで、時間が止まったかのように永遠の時間に感じる。

一定の速度を超えると、こんなふうにスローモーションみたいに感じるのだろうか。それとも、ここがシリウスだから?

「まずい、死んじゃうのかな？」

「死んじゃうと思うと死んでしまうわよ。でも、まあそれもいいわね。**地球の人たちって、肉体が滅びてしまうと終わりだと思っているから、さらに怖いわよね。**一度、それを体験してみて、そうじゃないことをこの機会に学ぶのもいいわね」

「いやいや。死にたくない！　死にたくない！」

「ガイア君は、どうしたいの？」

冷静に聞いてくるシリウスちゃん。

僕の魂は永遠だ！　でも、たとえ、死んでも僕は僕という存在として消えないのならそれでもいい、と思ったその瞬間に、身体がぐわんと反ったように揺れた。

すると、地上まであとほんの少しで墜落、というところから、まるでバネが反対にはじけるように、ブルードラゴン号が瞬時に向きを変えてぐんぐんと上昇をはじめた。

そして、再び、まるで何もなかったようにうねる龍の身体のようなジェットコースターのレールの上を走っている。

隣のシリウスちゃんは、平然としている。

「〝僕は死んでもいい！〟って生きる執着をなくした途端に、ガイア君の松果体のポータルが開いたのよ。そして、多次元パラレルにある別の自分の宇宙に移動したの。すべてをゆだねたとき、コントロールすることをあきらめたときに、松果体のポータルは開くの」

その言葉の意味を受け入れようとしていると、ブルードラゴン号は速度をゆっくりと落としながら、出発地点に戻って来て静かに止まった。

「お疲れさまでした！　いかがでしたか？」

ゲートで出迎えてくれた係員のお兄さんがニコッとしながら、僕の手を取りブルードラゴン号から降ろしてくれる。

少し震えながら、何段も続く階段を下りてジェットコースター乗り場の入り口まで戻ってきた。

上を見上げると、階段の途中から霞がかかっていてコースが見えない。

「このジェットコースターにはね、決まったコースはないのよ。乗る人によって全部違うの。今回は、ブルードラゴン号に乗ったガイア君が、自分のコースを作ったのよ。人生でたどるルートに決まったコースがないのと同じよね」

「進む道は、自分で作るんだね」

「自分の選んだその瞬間の選択が連続して物質化していくことが、ルートになっているのよ。だから、**道は決まっているようでも、決まっていないの。あなたの選択が常に進むべき道をつくっている**、ということね」

「こうやって身をもって体験すると、身に染みてわかるよ。**僕たちは、一瞬一瞬、何かを選択してるんだね**」

「それが今回の学びだったのよ」

Chapter 5

お化け屋敷の国

それは、死を体験する場所

「じゃあ、ここでもうひとつ遊んでいかない？」

「そうだね。じゃあ今度こそ、楽しめるところがいいね」

「隣には、お化け屋敷もあるのよ」

「いや、それは地球にもあるから。わざわざ、ここまで来て体験しなくてもいいよ。あのジェットコースターの後で、またもや、心臓に悪いことをしたくないよ」

本音を言うと、ポップコーンやソフトクリームを手に、カップルのようにベンチに座っておしゃべりでもしていたかった。

でも、シリウスちゃんは、さらに僕を試そうとしている。

「さっきは、ジェットコースターで〝死ぬかもしれない〟っていうような究極の体験をしたでしょ。じゃあ今度は、死の世界ではどんな感覚になるのか？ っていうことを体験してみない？ 要するに、〝お化け〟って、死んだ人のことよね。ここシリウスのお化け屋敷では、〝死〟というものをリアルな感覚で体験できるの」

どうやら、普通のお化け屋敷ではなさそうだ。

「どういうこと？ じゃあ、そこではリアルな幽霊たちが出てくるっていうこと？ 地球のように、アルバイトの人たちが白い服着て物陰から〝恨めしや～〟って出てきたり、赤い絵の具か何かで血だらけになった人が襲ってくるわけじゃないの？」

「そういうのとは違うわ！ それに、リアルなお化けに出会うっていうよりも、ここでは実際に今の意識を保ちながら、死んだ後の世界はどんなところか、ということを体験する場所なの。実は、生きながら死の本質を味わうということは、最高のエンターテイメントでもあるのよ」

「死が最高のエンターテイメントだなんて、よく言うよ」

地球では、太古の昔から人類は死を忌み嫌い、死を悲しみ、死ぬことを恐れている。どんなお金持ちでも、どんな権力者でも、死ぬことだけはコントロールできない。それは、身体があってこその命だと勘違いしている人類の宿命みたいなもの。

でも、ちょっと待てよ。死ぬことってそこまで恐ろしいものじゃないのかな？

そんなことを思いめぐらしていると、シリウスちゃんがさらに誘ってくる。

「死ぬことは、ワンダーランドへの扉を開けるようなものよ。でも、ここはシリウスだから、地球にいるときのように、身体を失ったらどうなるだろう、という恐怖の感覚を持つことはない。松果体のポータルが開いている私たちは、身体を持たない感覚ももうわかっているから。ガイア君も、さっきのジェットコースターで松果体のポータルが全開になったからわかるでしょ。でも、ここでは再び、ガチガチの地球人に戻ったガイア君になってもらうわよ」

「え〜!? さっきのジェットコースターの学びがムダになっちゃうんじゃない？」

そう言ったにもかかわらず、シリウスちゃんは僕の頭に何やらヘッドギアみたいなものをズシンと被せる。

「さあ、これでどうかしら？」

重たいヘッドギアを被せられると、頭の中にカチッと何かの部品が収まったような感覚を覚えた。

それはまるで、スマホにマイクロＩＣカードを差し込むような、そんな感覚だ。

「さて、再び地球人の脳に戻ったわよ。常識と固定観念でガチガチになって、松果体のポータルも閉じたわ。だから、脳からはいつものように、不安や恐怖心、心配なんかがどんどんあふれだしてガイア君に襲ってくるわ。言ってみれば、脳の中に〝お化け〟がいるようなものね！」

その説明を聞いた瞬間、これまでの半分夢を見ているような、ふわふわ浮いているような感覚は消えてしまい、いつもの地球にいるような状況に戻ってしまった。

ついさっきジェットコースターに乗ったことまではなんとなく憶えているけれど、ほとんどの記憶は飛んでしまって、長い眠りから覚めたよう。

「じゃあここで、新しいカタチの恐怖をたっぷり味わいながら遊びましょう!」

シリウスちゃんはさわやかな笑顔で、僕の手を引いてお化け屋敷に入って行く。

音が怖い!?

そこに足を一歩踏み入れると、そこは光のない真っ暗な世界だった。

ここは、お化け屋敷の中というよりも、死んだらこういうところに来るのかな、という空間で、入り口から数歩歩みを進めただけで、ゾゾゾっと全身に鳥肌が立つのがわかる。

「なんだ、この得体のしれない怖さは……」

ここに入ったら、身体の神経が開くように、五感のすべてが鋭敏になり、恐怖があらゆる器官から入り込んでくる。


気づけば、つながれていたシリウスちゃんの手は離れてしまい、彼女の気配もなくなった。

さっきまで、シリウスちゃんの身体から出ていたぼんやりとした光も消えると、あたりは墨を塗ったように漆黒の世界になってしまった。


一歩前に歩くとそこには道ができるけれど、振り返るともう道はない。

入り口の扉も消えて見えない。

距離感もつかめないので普通に歩けず、よちよち歩きになってしまう。

そんな僕を心配するかのように、どこかからシリウスちゃんの声が聞こえてきた。

「心配しないで！　出口はきちんとあるから。でも、このお化け屋敷のお化けたちを順番にクリアしていかないと出られないわよ。きちんと合格して外に出てきてね！　外で待っているから」

まずい！　本当にひとりぼっちになってしまった。

そのとき響いてきたのが、耳をつんざくような調べ。

それは誰かが苦しむ叫び声のような、抽象的な現代音楽のような、よくある恐怖映画の効果音のような、はたまた野生動物の唸《うな》り声のような、何にもたとえようもない音がフルサラウンドシステムの音響となって僕を襲う。

それは、地球では聞いたこともないような、震え上がるような音。

そして、なんだか汚れた醜い意地悪な音。

怖いのは、音を発している姿が見えないから？

理性で考えようとしても、産毛が逆立つほどの気持ちの悪さにしゃがみ込むしかない。

「音に殺される！」

とにかく、音が恐ろしい、という感覚は初めてだ。


そのとき、シリウスちゃんの声が聞こえてきた。

その声は耳からでなく、僕の心の中にテレパシーのように響いてくる。

「怖いと思っているから、怖い音楽が聞こえてくるの。すべては自分が創造しているのよ」


〝自分の世界は自分が創る〟なんてよく言われるから、そんなことはわかっている。

でも、こんなにひどい音を自分が創っているなんてありえない。

僕の心はそんなに真っ黒に汚れているの？

ひっきりなしに響いてくる音が悪魔の笑い声のように聞こえてきた。

これが死んで見る世界なら、とんでもないところだ。

よくエンターテイメントだなんて、言えるよな。

気持ちの悪い怖い音につぶされそうになりながら、ふと、ジェットコースターで地上に墜落しそうになったときのことを思い出す。

あのとき、再びブルードラゴンが生き返ったように上昇できたのはどうしてだっただろう？

そう、すべてをあきらめたときだった。

ふと、力んでいた全身の力が緩んで、すべてをゆだねようと思った。

「もういいよ。殺してくれ。ラクにしてくれ。それにしても音で死ぬ人間なんて僕が初めてじゃないの？」

ヤケになってそう思えた瞬間に、急に〝殺人音〟のボリュームが下がりはじめた。

そして、次第に闇の中にバキュームで吸い取られるように音が消えていった。

ついに立ち上がって、再び暗闇の中を一歩踏み出す。

なんとなく、音のゾーンを抜けた、という感覚が自分でもわかった。

なるほど。こんな感じで進んでいくんだな。

これは、前途多難だ。

赤い色が怖い!?

入り口から入って、まだ数メートルくらいしか歩いていないよね？

あといくつ、この手の新種のお化けが襲ってくるんだろう。

恐れないように、と言われても、ヘッドギアをつけられたのなら、もうどうしようもない。

だって、すっかり地球人に戻っているんだもん。

これまで生きてきて身についた恐怖心なんて、簡単に拭えるもんじゃない。

そう思いながら、再び、よちよち歩きで進んでいく。

すると、ブラックホールのような暗闇の中で、タバコの煙のように細い煙が立ち上りはじめたかと思うと、煙は形をとりはじめ、その煙は暗闇の中で黒みを帯びた赤色に染まった。

そのどす黒い赤い煙は、周囲を取り囲むように大きくなると僕をすっぽり包んでしまう。

前に後ろに、右に左に身体を逸らしても、赤い色はまとわりついてくる。

そして、僕の行く手に影のようにくっついてくると、赤い煙の塊はレーザー光線のように身体中を刺してくる。

普通の光なら痛くもなんともないのに、この赤黒い光に照らされると感電するような痺《しび》れを感じる。

まるで、暗い海中で赤いクラゲに刺されているような感覚だ。

「なんだよ！　この赤いもやもやは！」

そう叫ぶと、シリウスちゃんの声が再びテレパシーのように伝わってきた。

「ガイア君の恐怖が色になったのよ。赤い色にね。ここでは、感情がそのまま色になるのよ」

そうか、ここは色のゾーンなんだ。

赤い煙が首にマフラーのようにまとわりついてきて、僕の首を絞めようとする。

「大丈夫。これは幻想なんだから。僕が作り出したイリュージョンなんだから！」

そうつぶやくと、どす黒かった赤い色に、温かい血の気がさして、明るく鮮やかな赤色になったかと思うと、ピンク色になり、次第に色素が薄くなると透明な光の粒子になって暗闇に溶けていった。

☆お線香の匂いが怖い!?

再び、漆黒の闇が訪れる。
なんだか、この真っ暗な暗闇が、とてもありがたいものに思えてきた。
ここでは、暗闇が平和で安全なのだ。
そう思うと、真っ暗の中のよちよち歩きが少し普通の歩幅になってくる。

数歩進むと、ある匂いが漂ってきた。
これは……！　お線香の匂いだ。
お線香の匂いを好きだという人は多い。でも、それは僕が最も苦手なニオイ。

だって、お線香の匂いは、僕にとって〝死〟の匂いだから。
大好きだった祖父が死んだときに、自宅の日本間にある仏壇からずっと漂ってきていたあの匂い。

そう、誰かが死ぬと香ってくるお線香の匂いは、僕にとって不吉な匂いなんだ。

生前の最後の頃は、すでに病に侵されて病院から自宅に戻りしばらくの間、寝たきりの日々だった祖父。

祖父が亡くなったときに、学校帰りに障子を開けると、いつものように横たわっていた祖父。

でも、いつもと違うのは、隣に線香立てが置かれて、そこから線香の煙が立ち上っていたということ。

そのとき、「ああ、おじいちゃんはもう息をしていないんだ」ということがわかった。

その後の通夜から葬儀まで、線香の匂いはずっと家の中をめぐるように漂い続けていた。

僕にとって初めて死に直面したときの体験は、線香の匂いと共にあったのだ。

その線香の匂いがまたしてくる。

死と悲しみを引き連れて……。

ここでは五感が引き出す感情が地球の何倍も拡大して感じられる場所のようだ。

線香の匂いは僕全体を呑み込み、僕を子ども時代に一気に戻す。

祖父が死んだ小学校2年のあの日の僕に戻ってしまった。

母親はどこ？　父親はまだ帰ってきていないの？　おじいちゃんの身体を燃やしてしまうの？

子どものときに感じたそんな思いがこみ上げてくると、悲しさと死への恐怖で一歩も足が前に出ない。

「ねえ、ガイア君。どうして？　好きな匂いのことを想像しないの？」

その声にはっと大人の今の自分に戻る感覚になれた。

「……。そういえば、おじいちゃんはね、スイカが大好きだったんだ。夏の暑い日に大きなスイカを切り分けるのがおじいちゃんの仕事でね。そして、僕に一番大きいカットをくれるんだよ……」


スイカの匂いってどんな匂いだったんだろう？

そう思った途端に、子どもの頃によく食べた濃い味のスイカの匂いがしてきた。

そうそう、この匂い。


あの頃は、僕もまだ能天気で何も考えてなかったな。

おじいちゃんとＴＶで甲子園の高校野球を見ながら、スイカを食べたありし日の夏の一日がよみがえってくる。

あんな何気ない普通の日常こそが、幸せというものなんだろうと今になって気づく。

僕はおじいちゃんにありがとうって言ったことあったかな。


「ありがとう、おじいちゃん……」

悲しみはセンチメンタルな気持ちに変わると、今は亡き祖父への感謝で胸がしめつけられる。

その気持ちにずっと包まれていたいと思ったそのときに、再びシリウスちゃんの声がする。

「ガイア君、次へ行くわよ！」

シリウスちゃんはまるで子どもを誘導する小学校の先生のようだ。

風が怖い!?

その声に後ろ髪を引かれながら少しずつ前進する。

すると、次第にザワザワザワと冷たい風が静かに吹いてくると、腕からは産毛が逆立ち、全身をかけめぐるように鳥肌が立ってくる。

この閉ざされた空間で、どうやってどこから風が吹いてくるんだろう？
だんだんと強くなってくる風が僕の身体を押すように吹き抜けていく。
風が身体に当たるときは、ザワザワという感覚がして身体中が痛い。

ザワザワする風は、右側から僕を左に押してきたかと思うと、左側から右に突き返してきたり、後ろから前へ、そして前から後ろへ、そして斜めへといじめるように吹いてくる。
風に飛ばされそうになった僕の身体は、まるで台風の日に外で実況中継をするＴＶ局のアナウンサーのようによたよたと前後左右に揺れている。

風にも意思がある……!?
なんだか風にケンカを売られている!?
初めて風が怖いと思ったそのときに、シリウスちゃんの声がする。

「風が怖いのね、ガイア君。まったく、どこまでも恐怖と友達なのね。ねえ、小さい頃にお母さんからだっこしてもらったこと、憶えている？　お母さんの胸に抱かれていると、ふわふわで温かくて気持ちよかったでしょ」

風が肌の上をかすめるたびに、飛び上がるほど痛いほど敏感になった全身の触覚。

そんなときに、赤ん坊の頃のことを思い出せと言われたって無理だというものだ。

だいたいそんなに小さい頃のことは記憶なんてないんだから。

でも、風に吹き飛ばされながらイメージしてみる。

母親に抱かれている感覚は、さすがにもう憶えていないけれど、なんとなく感じていたのは、守られているという気持ち。ずっとこのまま眠っていたい、という安心感。

あのすべてを任せるような安心感は、大人になるにつれて消えてしまった感覚だ。

そして、あそこにあったのは、母親に対する絶対的な信頼感。

じゃあ、今、ここでも僕は信頼すればいいんだ。

そんな考えが頭をよぎったときに、いつの間にか僕は無風ゾーンの中を歩いていた。

水が怖い!?

あまりの緊張感に喉がカラカラになったことに気づく。

すると、暗闇の中に見えてきたのは、洞窟の岩と岩の間から湧き出ている水。

ぬめっとした湿った岩と岩の間から流れ出る水に両手の平を差し出して水を汲み、口の中に入れてみる。

「まずい！」

思わずその場で吐き出してしまった。

暗闇から出てくる水は泥水？　腐った水？　細菌だらけの水？

「ここの水はそういう味だと思ったのね。これも変えられるはずよ」

そんな声に僕も思わず答える。

「また、やってしまったね！」

そう、美味しい水を飲むと決めればいいんだ、そう思って再び岩と岩の間から湧き出る水に手を差し出して口に入れてみる。

言うまでもなく、今度は喉を潤す美味しい水に変化していた。

その場でしばらく何度も両手ですくって水を飲み休憩する。

「あともう少しよ。最後の関門よ。ここを合格すれば、お化け屋敷から出られるわ！」

そんな声に促されて、喉も潤った僕は岩場から離れると、両手であたりを探りながらも少し早歩きをする。

暗闇に目も慣れてきたのか、光がまったくない中でも少し速く歩けるようになってきた。

バケモノが怖い

やっとぼんやりした白い光が見えてきた。

ついに出口でシリウスちゃんが待ってくれているのかな。

いや、最後の関門があるって言っていたな。

「もしや、あれが!?」

と思った瞬間に、そのぼんやりした白い光は、もくもくと風船を膨らませるように巨大化すると、今までみたこともないような〝モノ〟に変化していった。

僕の3倍くらいはあるその巨大なモノは、いつのまにか上から僕を見下ろしている。

それは、顔があるようなないような、目があるようなないような、口があるようなないような、手足があるようなないようなモノ。

そのまさにバケモノとしか言いようのない存在は、収縮性のある身体を大きくしたり縮めたりして息づいている。

さらには、時折、くっきりとどす黒い身体になったかと思うと、半透明になって暗闇に消えたり、また闇から姿を現したりする。

地球のお化けとはまた種類が違う、その新種の気味の悪いバケモノが口を開く。

これが、シリウスに住むお化けなんだろうか?

「おい！　何見てるんだ？　俺は醜いだろ？　気持ちが悪いだろ？」

目の前に立ちはだかるその巨大なモノは、金切り声と悪臭を振りまきながら、ぬめっとした手を僕に伸ばしながらゆっさゆっさと身体を揺らしながら近づいてきた。

近づきながら、ボタボタと何か汚い汁のようなものも落ちている。

これも僕の創造物？

僕の心の奥底にはこんな闇があるのだろうか？

「ねえ、ガイア君。もう何度も、何でも創造できるって言ったでしょ」

そういってバケモノの中からちょっと金属音の声に変わったシリウスちゃんの声がする。

「でも、こんな見たこともないような気味悪いモノは、僕の心になんかあるわけないよ」

「でも、これは、ガイア君の恐怖が具現化したもの。ガイア君にとっての恐怖が形になって、こんな生き物が出来上がったというわけよ」

そういってバケモノは、ボタボタと汚い汁のようなものを全身から落としながら近づいてくる。

手をひょいと伸ばされて、つまみあげられたら一巻の終わりだ。

「この姿を見て、ガイア君はどう思う？」

「醜くて汚くて、怖ろしくて……」と途中まで言った後、ここへ来た意味が頭の中をよぎる。

そうだ、僕はここへ学びに来たんだ。何があっても大丈夫なんだよね。

「その姿で**僕を学ばせてくれてありがとうございます。お喜びさまです。うれしいです！**」

そんな言葉が自然に口をついて出てきた。すると、シリウスちゃんのやさしい声がする。

「もうわかっているでしょ。**見たいモノ、欲しいモノを創造すればいいのよ。ここではそれがすぐに叶うって言ったでしょう？**」

ここで何度か同じことを言われているのに、地球で生きてきたクセは本当に根深い。

でも、**こうやって何度も何度も体験しない限り、ココロもカラダも、そして魂もまだ人間のクセは直せない。**

それは、**僕たち地球人が常に恐怖と共にどっぷりと生きているということ。**

もう、そろそろそんな地球人はやめようじゃないか。

そう思えた瞬間に、目の前にたたずんでいたバケモノが映画のCGで見るホログラムのように輝きながら形を変えてシリウスちゃんの姿に戻っていく。

それも、さらに女神のような神聖さとやさしさをたたえた美しい女性の姿に。

「まるで、マリア様みたいだね……」

そう言うと、上品さの中に色気のある艶っぽい女性になったシリウスちゃんは、青白いオーラを発しながら自分の全身を見回して僕をからかう。

「これが、ガイア君の理想の女性の姿なの？」

暗闇の中で僕はちょっぴり赤くなりながら、シリウスちゃんの横顔を見る。

すべての感覚が拡大するこの暗闇の中で、今、マリア様の慈愛のエネルギーが僕を包み込んだ。

「さあ、あそこが出口よ！」

暗闇で明かりの代わりになるシリウスちゃんが指さす先には、同じように光が外から漏れている扉が見えていた。

「よかった！　合格したんだね」

Chapter 6

戦争の国

「なんだか、怖い思いをさせてしまったわね。ごめんなさいね」

戦争と平和

そう言ってくれるシリウスちゃんにちょっと文句を言ってみる。

「正直言って寿命が縮んだよ。と言うか、ここは遊園地って言うより、恐怖の館じゃん！」

お化け屋敷を出て、再び遊園地のざわめきの中に戻って並んで歩きながらシリウスちゃんと会話を続ける。

「シリウスは愛と調和の星だと思ったんだけどね。地球の方がよっぽどマシだよ！」

「あら、**シリウスは愛と調和の星よ。そして、癒しの星でもあるでしょ。ということは、その逆のエネルギーも必要なの**」

「でも、その逆のエネルギーばかりをここへきて味わうっていうのもどうよ」

「言ったでしょ。地球では体験できないことを味わってもらうって」

「そういう意味での〝体験〟だとは知らなかったよ。もっと、極楽気分を味わえるのかと思ったな。それに、シリウスが調和の星ということは、まさか、ここには調和の反対の世界があるとか？」

「そう、そのまさかよ。調和というものを味わうために必要な世界として、分離の世界があるのよ。**実は、戦争と平和とは性質が違うだけで、実は同じ種類のエネルギー**なの。お互いに、違う方向を向いているけれどね。たとえば、**不安や恐怖のエネルギーを味わって初めて、安全や安心というものを理解するのと同じ**でね」

「そうなんだ。でも、日本は戦争を過去に体験しているから、戦争がもたらした悲しみや苦しみのことは十分に味わっているよ。日本人の誰もが、多くの人命が奪われた戦争をもう二度と繰り返さない、ということを願っているよ。特に、第二次世界大戦の後は日本は焼野原になっただけじゃなくて、敗戦国としても大変な思いをしてきた。アメリカからは占領軍がやってきて、国土の一部も奪われたりしたし、占領下でいろいろな制限や不自由も味わったそうだ。戦後にここまで日本が復興するのがどれだけ大変だったか、というのを死んだおじいちゃんがよく言っていたな……」

「あなたたち地球人は、なにかと〝戦争は悪いことだから、この世界から戦争をなくそう！〟と言うわよね。戦争は悪い人たちがやるものだし、戦争のない世界が平和だと思っている。これって、**一見当然のように聞こえるけれども、私からすれば、だからあなたたちはいつまでたっても、本当の平和を学べないのよ**、って思うの」

「それ、どういうこと？」

「本当の平和を感じるためにも、戦争のエネルギーを自分が味わうしかないのよ。でも、あなたたちは、過去の戦争時代の話をおじいさん、おばあさんやその上の世代から聞くだけでしょ？」

「そりゃそうだよ。それ以来、日本は戦争はやってないんだもの。もちろん、世界のどこかで戦争は常に行われているけれどね」

「でもね、本来なら、自分自身が戦争のエネルギーを実際に感じたときに、そこから何を自分が学べるか、そして、その体験をどうしたら平和を維持することに生かせるか、ということなのよ」

「ということは、今から戦争の国に行くんだ」

「そのとおりよ」

戦場コロシアム

「まさか、今からこの僕が戦争を体験しに行くとはね。日本は兵役もない国だし、僕たち日本人は人と闘うなんていうことなんて考えたこともない人がほとんどだよ。いい意味で、平和ボケしているからね。僕だって、闘う訓練も何もしていないどころか、運動神経だって悪いから、一瞬で殺されてしまうよ」

「大丈夫。シリウスの世界における戦争は、〝ゲーム〟のようなものだから。でも、闘うという体験を通して、自分の命を落とす恐怖や命を落とす瞬間の感覚、そして、相手の命を殺《あや》める感覚やその罪悪感などをしっかり味わってもらうわよ」

「ヘビーだな……。僕にできるかな」

「準備はいい？　シリウスにもパラレルでいろいろな世界が存在しているの。戦争の国は憎しみや怒りに満ちた次元の低いところだから覚悟してね。言ってみればそこは、裏シリウス。表のシリウスを存在させるためにも、裏の世界がバランスを取るために存在しているのよ。そのことをここでは皆理解しているから、裏が表を消してしまうような、大きな破壊はありえないのよ。じゃあ、行くわよ！　脳の中心にフォーカスして！」

そう言いながら、シリウスちゃんは僕の手を握る。

すると、それまでふわふわ浮いていたような夢の中を漂う感覚から粒子の重い世界へと周囲の空気は変わっていく。

ぐるぐる回転する暗闇のトンネルの中で、うっすらと光を放つシリウスちゃんの声が聞こえる。

「いつも半透明の私たちは、たとえ身体が消えたとしても、その後もきちんと生きている、ということをきちんと理解しているから死ぬことに恐怖感はないのよ。でも、身体を持つと、少しは恐怖感も出てくるのよ」

二人とも半透明に戻っていた身体のエネルギーの密度が高くなりはじめると、ずっしりと物質化してきてドスンと重たい身体に戻る。この感じは、まるで地球の大地の上に戻ったよう。

「でもここでは、その恐怖感を楽しむのよ。何があってもいつでもどこでも存在できる、ということを改めて確認するためにね」

暗闇のトンネルを抜けたと思ったら、目の前に開けたのは巨大な競技場のような場所。でも、そこはアスリートたちが闘うスタジアムというよりも、どちらかというと、ギリシャやローマ時代の闘技場、そう、コロシアムみたいな場所。

さわやかなスポーツの競演が行われる場所というよりも、血なまぐさい雰囲気がコロシアムからすでに漂っている。

コロシアムが揺れるほどゴーッと響き渡る轟《とどろき》は、闘いのエネルギーそのもの。

赤い軍と青い軍

「ここが戦争の国なんだ……」

「地球では、この闘いのエネルギーを一掃しようとするでしょ。でも、このエネルギーはあってしかるべきなの。ここでは、２つのグループがお互いに憎しみあっているのよ」

そう言われてあたりを見回すと、コロシアムの外を行きかう人たちも怒ってイライラしている人ばかりだ。

怯《おび》えながらきょろきょろする僕にシリウスちゃんが耳打ちをしてくる。

「ここには、愛や感謝がないから気をつけて。怖そうな人に話しかけると大変なことになるわよ。とりあえず、コロシアムのゲートに向かいましょう」

こんなところで、迷っていたらそれだけでケンカでも売られそうだ。

そう思った僕は、イカつい顔だらけの中で最も普通の人に見える一人の女性に声を掛けてみた。

「入口はどこですか？」

「あっち！」

面倒くさそうにチッと舌打ちをすると、その女性は右側をめんどくさそうに指さした。

「あ、ど、どうもありが……」

一応、お礼を言っている途中で、彼女はズカズカと僕の目の前を通り過ぎて行った。

シリウスにも、こんな人がいるんだな、と思っていたら、シリウスちゃんがそんな僕の気持ちを察したようだ。

「言ったでしょ。ここでは、すべて逆のことを学ぶんだから。愛と調和の表のシリウスでは、ネガティブなエネルギー、反発するエネルギーというものが存在しないの。だからこそ、裏の世界には反発するエネルギーを実際に創造して入ってくるの。あえて、ネガティブなビジョンを創るのよ。住人たちや別の星からの訪問者も表の世界にしかいないわ。エネルギーのマトリックスの操作をして、こちらに入ってくるのよ」

「先が思いやられるね……」

身体を持った僕たちは、ワープすることもせずに、てくてくと歩きながらコロシアムにやってきた。

ゲートを入ると、そこは歓声とけたたましい怒号がゴーッと地響きのように響いてきた。

シリウスちゃんが案内してくれた観客席に座ると、観客席はぎっしりと僕たちのような戦争の国を体験しに来た訪問者たちで埋まっていた。

ドーム型をした大きな闘技場の中には、数百人、いや、数千人はいるんじゃないかと思われる存在たちがごったがえしている。

よく見ると、左手側には赤い軍が、右手側には青い軍が陣を取っているようだ。

戦士たちは、赤と青という色別に分かれていながらも、そのいでたちや姿はさまざまだ。

地球のスタイルで言えば、あるグループは盾や槍を持ち鎧《よろい》をつけて、馬に乗って旗を翻《ひるがえ》した中世ヨーロッパの騎士団みたいな一軍もいれば、刀を構える戦国時代の日本の侍や落ち武者みたいな集団もいる。

他にも、軍の迷彩服のような今風の兵士たちもいれば、人ではなくアニメ風な戦闘ロボットのような存在もいるし、ほとんど石器時代に動物を追っていたような裸に近い人もいる。

ナイフを持ち、ストリートでやんちゃをしているワルな不良集団みたいなチームもいる。
すべての歴史上の〝闘い〟や闘争というものがここに凝縮されている。

コロシアムの左右の両端にはそれぞれのチームのやぐらがあり、そこには、リーダーとおぼしき人がいるのがわかった。

そこから自分のチームの戦士たちに指令を出しているようだ。
シリウスちゃんの言うように、ここではゲーム形式で試合のように行われるからだろうか、今はルール上、休憩時間のようだ。

各々のやぐらの上にはそれぞれ赤と青の旗がひらめき、どうやら、相手の組の旗を取った方が勝ちになるらしい。

闘いの試合は3回戦行われて、2回勝利をあげた方が勝ちになるらしく、コロシアムの上方につけられた電光掲示板のスクリーンに1対1という表示が出ている。

次の1試合で勝負が決まるとあって、お互いの組は休憩時間の間も、すでにコロシアム内のあちこちでは小競り合いがはじまっており、すでに一触即発寸前という感じだ。

ガイア君、戦士になる

両サイドの赤色と青色の戦士たちの集団からは、どす黒い煙のようなエネルギーがもくもくと出ている。

エネルギーが目に見えると、こんな感じなんだな……。

あちこちから士気を高めるような怒号の掛け声がごうごうと上がるたびに、より一層、赤い色は赤黒く、青い色は青黒く染まっていく。

「怒りや憎しみ、嫉妬や妬みのエネルギーがこんなふうに見えること、こんなふうに振動数を落とすことをきちんと覚えておいてね」

「たかが相手側の旗を奪うために、ここでは殺し合いが行われているんだね」

「そうよ。だってね、これを表のシリウスでやると無邪気な〝鬼ごっこ〟みたいな遊びになってしまうんだもの。と言うのも、表のシリウスの世界では、

赤と青に〝分離する〟という概念そのものが存在しないでしょう。一人の存在が赤になったり、青になったり、二色を合わせた紫にだってなれるの。表の世界にいると、赤い色になっていても、自分の中には青色も存在しているということがきちんと理解できているものなの。だから、ホタルのように赤色に点滅したり、ときには青色に変わったりして、追いかけあう鬼ごっこになるの。でも、裏シリウスでは自分は赤だけ、と決めたら本当に赤だけになってしまう。そして、青色の人は敵になってしまう。何しろ、裏シリウスは分離する世界だからね」

表のシリウスは光の世界だから、赤も青も混ざることで美しいピンクやパープルになり、そして最終的には無色透明の光になっていく。

でも、ここでは赤と青が混ざると濁った黒みを帯びた色になるばかりだ。

「宇宙において、地球においても、戦争が起きる理由はただひとつ。それは、〝相手は自分と違う〟という意識を持ったとき、それが戦争の火種になるのよ。自分と違う相手は自分とは相いれないから倒さなくては、というのが戦争の原因よ」

「そうだね。国と国の違い、民族や人種の違い、宗教の違い。すべて、相手は自分とは違う、というところからはじまっているんだね」

シリウスちゃんがだまってうなずく。

すると、ついに、闘いののろしを上げるかのように、ほら貝の音がコロシアム内に大きく鳴り響くと、赤と青の組に分かれた群衆たちが両端から中央に向かって大声を上げながら怒涛のようになだれ込んでいく。

「いい？　ここではワープができないから、逃げることはできないわよ。闘いに敗れたら命を落とすことになるの。殺《や》るか、殺《や》られるか。選択は2つにひとつよ。あと、身体のハートの部分が急所になるから気をつけてね。誰もがハートを狙ってくるわよ。あなたも誰かを殺すときは、ハートを狙うように！」

「ええっ⁉」

「じゃあ、いくわよ！　1、2、3！」

あたりを見回すと、僕はコロシアムの赤チーム側の戦士たちの間で立ちすくんでいた。

「観客席で見物しながら戦争を体験するんじゃなかったの？」と突っ込みを入れる間もなく、僕の身体は戦場に投げ出されている。

☆ガイア君、死す⁉

もう、ここから逃げられない。

それにしても、準備も訓練も何もないままに闘いに参加することになるとは……。

すでに闘いははじまっている。

とっさに、周囲の状況を飲み込もうとしていたら、駆け出している周囲の戦士たちの勢いにはじきとばされて地面に突き飛ばされてしまった。

「やばい！」

さっさと立ち上がらないと敵から心臓を刺されてしまう、と思っても腰が抜けて起き上がれない。

自分は赤チームだよな？　と自分の身なりを見ると、赤い色の柄の迷彩服を着ている。

よし！　じゃあ、敵の青チームを狙うんだな。

なんとかよろよろと立ち上がろうとしたときに、隣に敵陣から青色の軍服を着た戦士のひとりが土埃《つちぼこり》を上げて滑り込むように倒れ込んできた。

きっと群衆の中でもまれて、はじきとばされたんだろう。

地面にあおむけになっている、すでに傷だらけの戦士と思わず目が合う。

ここで相手を殺さないと、きっと僕が殺されてしまう。

僕は腰につけていたナイフを手に、彼の身体を上から見下ろして立ちすくみながら心の中でつぶやく。

「これはゲームだよね。だから、殺し合いも無礼講だよね。でも、ちょっと待って。心臓って左側だよな。これで相手を突き刺すなんて残酷すぎるよ。力の加減もわからないや。この人には何の恨みもないのに。でも、この人を見逃すと、僕の方が殺されてしまうかな？」

そんな考えが、ほんの一瞬の間に頭の中をぐるぐるとかけめぐる。

いったい僕は、どれだけダサくオタオタとしていたんだろう……。

ついに、自分の武器であるナイフを宙に浮かせたその瞬間に、時は止まった（ような気がした）。

何が起こったのか、わからないけれど、僕の手から重たいはずのナイフがヒラヒラと地面に落ちていく。

一瞬の間を置いて、僕の身体も地面の上にぐしゃりと叩きつけられてしまった。

その衝撃とともに、これまでに感じたことのない身体を割くほどの激しい痛みは、急所を突かれたことで、ありがたいことにすぐに消えていった。

そう、なんと僕はあっという間に、あっさりと命を落としてしまったのだ。

はっきり言って、戦士の風上にも置けないただのダサいヤツだった。

ルールとして相手のハートを狙う、という意味がここでようやく僕は理解できた。

これが手足や顔や他の部分だったら、いくらゲームとはいえ、激しい痛みと苦しみでのたうち回っていたことだろう。

「ああ、だから、ここでは急所を一突きするんだ。痛みに苦しむ時間が短くてすむように
……」

相手側の戦士を目の前にもたもたしていた僕は、敵側から僕の心臓に狙いを定めて遠くから飛んできた槍に無慈悲にも一突きされたのだった。

闘技場の中で、動かずに静止していた僕は、あまりにも簡単なターゲットになってしまったようだ。


次の瞬間には、お互いをむさぼり合うように乱闘しながら闘っている戦士たちを、僕はもうふわふわふわと空中に浮きながら俯瞰《ふかん》している。


「自分が死ぬとき、そして、相手を死に至らせるときに何を思うか。そんなことを学べたでしょう？」

振り返ると、シリウスちゃんが再び半透明になって僕の手をぐいっと引いてくれた。

しっかりと手を引かれた僕は、その半透明の手の平にも少し体温を感じてほっと安心する。

死んでしまっても天涯孤独じゃない、ということがこんなにありがたいと思ったことはなかった。

もうひとつの戦争

「なんだか、あっけなかったよ……」

「あなたは、人を殺《あや》めることをためらったわね。でも、その感覚を忘れないでね」

「忘れようにも忘れられないよ。でも、容赦《ようしゃ》ないよね。僕なんて闘う以前の問題だったよ。これが平和ボケした日本男児の成れの果てなのかな。でも、ゲームとわかっていても怖かったよ。だって、実際に殺したり、殺されたりすることをリアルに体験するんだから。まだドキドキしているよ……」

再び振動数が上がり、半透明の身体に戻った僕は、まだ、ゆらゆらと震えている。

「でもね、**その体験こそが、平和のエネルギーをより強固なものにしていくのよ。戦争というイベントは、そのために大きな役割を演じているの。**コロシアムの観客席にいる人たちは、あそこで行われていることがゲームだとわかっているわ。でも、闘っている戦士たちは、闘いをしている間はそのことを忘れているの。それが今、地球で起こっていることじゃない？私たちは地球というコロシアムを宇宙から観客として見守っているのよ」

そんな話を聞いていると、眼下に見えていたコロシアムがすでにドーナツのような大きさに見えている。

あの後、あそこでは青組と赤組のどちらが勝ったんだろう、などと思っているとシリウスちゃんが僕に提案する。

「もうひとつ、見せたい場面があるの」

そう言われて高所恐怖症の僕は恐る恐る下を見ると、そこは緑豊かな農村地帯のような場所だった。

放牧された牛や馬がいるように見える牧場や果樹園、風車に野菜を育てているような畑やカラフルな花畑も見える。

ポツポツと見える集落のかたまりの周辺ではゴマ粒のように見える農民たちが畑で作業をしているのが見える。

ついさっきまで戦争の国にいた僕を癒すのにぴったりの天国のような場所だ。

ここで採れる食材で美味しい食事でも御馳走してくれるのかな？

「いい？　今からさらに上に上がっていくわよ！」

下に降りていくのかと思いきや、シリウスちゃんの声に僕たちの身体はさらに上空へ引き上げられた。

まるで飛行機の窓から見える景色のように、すべてのものが遠ざかる。

水平線まで見えるほど高い場所まできたときに、それは起こった。

ピカピカピカッ！　と下の方でまばゆいほどの閃光がさく裂したと思ったら、間を置いて、あたり一面に衝撃音がした。
ここまで上空だと地上とも天候が違うのだろう。もしかして、デカい雷でも落ちたんだろうか？

いや、これは違う。

下から上へ向かって雲のような煙がもくもくと巻き上がり、青空だった空を灰色に染めた。

真上から見ると、大きな円の形で周囲に広がっていく煙のような雲。

キノコ雲

もしや、これはキノコ雲？


「そう、これが核よ」

さらりと言うシリウスちゃんにたじろいでしまう。

「こんな平和そうな場所に、なんてこと……」

どれだけ時間が経っただろうか。

下から激流のように立ち上っていたきのこ雲がやっと大気と混ざり形を無くしてきたことで、景色が目に入ってくる。

当然ながら、そこにはもう同じ景色はなく、炭のようになった黒焦げの焼野原の世界が広がっている。

これが人口の多い都市部だったらどれだけの地獄絵図を見せられたことだろう。

あちこちから火の手が上がっているのは、きっと民家や集落があった場所だ。


「下に降りていくわよ」

「苦しんでいる人たちは、見たくないよ……」


核が落とされた中心地からかなり離れた場所に降り立つと、顔から着ている洋服、足元まですスだらけになり真っ黒になった1人の女の子が立ちすくんでいる。

泣くことさえも忘れたかのような女の子は、あまりにショックを受けて僕たちの姿にも気づかない。

彼女を目の前にしてシリウスちゃんが言う。

「この女の子も1人で学びに来たのよ。愛する家族や友達、飼っていた大切な動物たちも一瞬にして消えたのよ。生きる望みを失う、ということはどういうことなのか、彼女は今、味わっているの」

「残酷だね……」

「でも、彼女がここを選んだのよ。それにね、**愛する人々を亡くしたことで、逆に、すべての存在たちはつながっている、すべての存在たちと家族なんだ、ということを学ぶのよ。親や兄弟だけが家族なんだ、ということじゃなくてね**」

「そんなスケールの大きいことを学びにきたんだね。でも、助けなくて大丈夫なの？」

「彼女にもガイア君に私というガイドがついているように、ガイドがきちんと迎えに来るわよ。そして、表のシリウスにきちんと戻って行くわ」

「よかった、安心したよ。でも、日本も原爆を落とされた国だからね。広島や長崎の人々はこんな思いをしたんだね」

「言ったでしょ？　**戦争は、〝相手が自分と違うと認識した〟ときに起きるって。地球での国という単位は、まさにこの概念から生まれている**のよ。そして、それが最終的に原爆を落とすことまで導いてしまった。でも、日本も原爆を落とされることから学び、アメリカも原爆を落としたことで何かを学んだはず。そこに善悪はないの」

「そうだね。僕たち日本人、いや、日本という国は、あの出来事だって選択したんだね……」

「さあ、そろそろ旅も終わりに近づいてきたわ。後半はちょっとヘビーだったから、最後に魂を癒す場所に連れていくわね！」

Chapter 7

水晶の国

クリスタルシティ

水晶でできたクリスタルの宮殿。

そこは、まるでクリスタルシティと呼べるような場所。

最後に訪れる場所にふさわしい高次元シリウス、そう、究極の〝表のシリウス〟というところだった。

僕は今、見たこともないほどの巨大な水晶の結晶をくり抜いて作ったキラキラに輝くお城の中に入り込んだよう。

まぶしい目をこらして、あたりを見回してシリウスちゃんに興奮しながら話しかけてみる。

「そういえば、シリウスといっても水晶がこんなにある場所は初めてだね！」

「そう。戦争の国には水晶はなかったでしょ。高次元のシリウスは、いろいろな次元の層でできているの。当然、水晶が多ければ多いほど、その世界は振動数が高いのよ。ここはシリウスでも最も振動数の高い世界よ」

目の前にあるのは、ギリシャの神殿によくあるようなコラム式の柱。

でも、実際の建物の柱とちょっと違うのが、その柱がすべてガラスのような透明の六角柱の形をしていて、まっすぐ直立に建っているのではなく、さまざまな大きさや太さで前後左右や斜めに伸びたりしながら、いろいろな方向を向いているということ。

そして、それぞれのクリスタルの柱のところどころには、レインボーの光の渦のようなものが入っていたりする。

その光の塊に日差しが当たると、万華鏡のような光の模様がチラチラと回転してレインボーの光を至る所に投げかけている。

足元にところどころ密集しているのは、ちょっとゴツゴツとした巨大な岩のような水晶のクラスター（群晶）。

思わず、近くのクラスターのひとつから出ている水晶の先端を手で触ってみると、不思議と石のような硬さはなく、涼しげなホイップクリームのようにやさしいエネルギーが凝縮したような感触がする。

「**地球の水晶は珪素でできている固形物の水晶だけれど、シリウスの水晶は高次元珪素からできている半物質の水晶**なの。ここの世界は、言ってみれば、水晶のエネルギー体、いわゆるオーラで創られているようなもの。人間の物質的な身体の周囲にもエーテル体、アストラル体、メンタル体、コーザル体などのエネルギーの層があるでしょう。地球の人にとっては、水晶っていうと鉱物としての物質を意味するのかもしれないけれど、**私たちにとっての水晶とは、水晶自体が持つエネルギー**のこと。そんなエネルギー体が創る世界の中でも、ここの場所が、一番エネルギーが高い層になるのよ」

そう言われてみれば、さっきまでいた戦争の国で感じていたような、身体にズシンと来るような重たさはない。ここのエネルギーと同調するかのように、僕たちの身体も再び軽く、半透明になっている。

実際には、足を地面につけて歩いているようでいて、ふわふわとフロアから少し浮きながら歩いている。

足元を蹴ると、トランポリンのように身体がポンと浮いて、上手くやれば空中でくるりとアクロバティックに一回転だってできそうだ。

意図しただけで、身体も右に左に上へ下へと動くので、あえてきちんと止まろうとしていると、シリウスちゃんが隣から説明する。

「シリウスの住人たちは、エネルギーが違ういろいろな層からなる世界があっても、そこが学びの場であることを理解しているから、傷ついたり、ネガティブな思いをすることはほとんどないのよ。そのために皆、ときどきここへ癒しを求めて来たり、パワーをチャージしにやってくるのよ。特に、地球からのゲストは、必ず故郷に帰る前にはここへ寄って帰るの」

「そうだね。ここでの体験は、地球では決して体験できないことばかりだったからね。それも、どちらかというとショックな体験や、シビアな体験の方が多かったような気もする。だからこそ、ここで、最後に浄化していくんだね」

あたり一面、光を放ちキラキラと輝く見渡す限りのクリスタルの世界に囲まれながら、それぞれのクリスタルが放射する気持ち良い波動を浴びながら、フレッシュな空気を思い切り吸うように深呼吸をしてみる。

「ここには、いろいろな種類のクリスタルがあるのよ。癒しや浄化のクリスタルがあるだけじゃなくて、この神殿は、全宇宙のデータが詰まったシリウスのライブラリーとも言える場所。ゲートキーパーという種類のクリスタルにはガイア君の魂の全記録が書かれたアカシックレコードもあるのよ。だから、地球人たちは、この世界を最後に通過することで、自分の生きている道がクリアになるの」

「それは助かる！　なんとなくだらだらとサラリーマンをしているこの僕も、ついに、自分の道を見つけるのかな」

「あら、でも、その生き方だって自分で見つけるのよ！」

「そうだね。誰かが手取り足取り教えてくれるものじゃないんだよね」

「そういうこと。とにかく、せっかく水晶の国に来たんだから、最後はシリウスの世界を味わいつくしてね。ここでは、自分の叶えたいもの、行きたい場所、食べたいものがあれば何だって自由自在に体験できるわよ」

「いざ、そう言われるとぱっと出てこないや……。何にしようかな」

今、一番欲しいモノ

もじもじしているとシリウスちゃんが急がせる。

「頭の中心、第三の目の奥のあたりにレインボーの光を想像してみて！　今のガイア君が本当に欲しいモノが出てくるわよ！」

言われたとおり、額の奥にレインボー光を想像してみる。

目の前には、理想の彼女が出てくるかも、とちょっと期待してみた。

と、あろうことか、いつもコンビニで必ず買う１３０円（＋税）のプリンが両手の中にボンッと出てきた。

「あら、せっかく何でも思うがままになるっていうときだって、ガイア君ったら！」

シリウスちゃんは、ちょっと拍子抜けをしてあきれている。

そう言われても、そろそろ地球のことが恋しくなってきた僕。ここへきて、いつも食べている大好物の味がどうしても食べたかったみたいだ。どんなに贅沢《ぜいたく》なモノよりも。

そして、さあ、食べよう！　とプリンのパッケージの封を開けようとした瞬間に、いつもの甘ったるいバニラと焦がしキャラメルの香りが、口の中に勢いよくつるりんと飛び込んできた。

高級なプリンなどではない、ちょっとチープだけれど、僕にとってのお馴染みの甘さもほどよいカスタードプリン。

あれ。でも、実際に口の中にプリンは〝物理的〟には入ってきていないようだ。

そう、食べる操作や動きをしていないのに、僕はプリンをしっかりと味わっている。

そして、懐かしい地球の、いや、日本のコンビニの味に満足している。

これが、意図するだけですべてが叶う、ということか。

パノラマワールド

「行きたい所にだって、すぐに行けるわよ」

プリンを味わいながら、「じゃあ、どこに行こうか！」とあれこれ思い浮かべたものがすぐにパノラマ状態で目の前に広がり、自分がその風景の中に溶け込んでいく。

水平線の広がる海に、ビーチの海岸線。
おぼれるほどの緑の草原に、一面のラベンダーの花畑。

ヘリコプターから見渡すような大都市の摩天楼に砂漠を歩くラクダたち……ｅｔｃ。

インスタ映えするベタな世界の絶景を思い浮かべただけで、あたかもその場所に自分がいるようにその風景を感じることができる。

海なら海の磯の香りに、緑の草原や花畑なら、近くを蜂が飛んでいる音も感じることができる。

摩天楼を見下ろしていると、上空の身体に吹き付けるような強く冷たい風を感じる。

エジプトのような砂漠では、顔に当たる熱風に混ざる小さい砂が口の中に入ってきたのか、口内がじゃりじゃりと音を立ててぎょっとした。

今、僕は瞬間移動しながら世界中を旅している。

旅のお供となってくれているシリウスちゃんが声を上げる。

「今、ガイア君のシリコンホールが活性化しているのよ。ここには、重力もないから、想ったこと、考えたことがすぐに実現する、ということを思い切り味わっているのね。これを可能にするのが、ゼロポイントにつながるシリコンホールよ」

目くるめく世界を目の当たりにしていると、シリウスちゃんが続けた。

「地球に帰った後のガイア君の道は、自分で創っていくしかないわ。でも、私は少しだけお手伝いができていると思うの。たとえば、ガイア君はどんな自分になりたいの？　今の自分のどんなことを変えたいと思っている？」

それは、今回の旅における僕への集大成の質問だった。

「僕は、普通のサラリーマンとして、いや、普通以下のサラリーマンとして、いつもさえない人生を送ってきたんだ。だから、自分はダメな落ちこぼれだ、っていう意識が僕にずっとつきまとっている。これだ！　って他の誰かに自慢できるところもないしね。もう、自分に自信が持てないんだよね。なんだか、人生をあきらめているようなところがあるっていうか。だって、この先の人生はもう見えているよ」

地球での情けない自分を思い出すと、ここではその想いが何倍にも大きくなって自分の胸に響いてくる。

クリスタルのパワーが、僕のこんな想いさえ波のように共鳴して拡大させているのだろうか。

せっかく、ついさっきまでいい気分だったのに、ふとしたきっかけで大きな絶望感が胸をナイフのようにえぐってきて、僕は押しつぶされそうになってしまう。

そんな僕に、シリウスちゃんがやさしく慰めてくれる。

「ねえ、ここで食べたいものを一瞬で味わえたり、行きたい所に一瞬で行けたように、そんな思い込みだって一瞬で変えられるのよ」

「いや、思い込みっていうか、それがこの僕という人間のマジでリアルな姿なんだよ」

「ねえ、そんな思い込みやその言葉、意識がガイア君のすべてを創っているって言ったでしょ」

「それは、わかっているけれど……」

「シリコンホールとつながれるこの場所なら、エネルギーは一瞬で変えられるのよ。もちろん、変化するエネルギーを乗りこなすのはガイア君だけれどね。いい？ 今日はここでそんなジメジメした自分を卑下する性格を焼きつくしましょう！ ここで、さっきのように頭の中にある第三の目の奥のあたりに紫色の光を想像してみて」

セントジャーメインの紫の炎で過去の自分にサヨナラ

そう言われて、紫色の光を想像すると、あたり一面に広がっていたクリスタルのすべてが紫色に変化していく。

そして、目の前に登場したのは、口から顎にかけて髭をたたえた、中世のヨーロッパの貴族のような恰好をした外人の男性。

「私の友達のサンジェルマン伯爵、別名セントジャーメインよ。彼は、かつて、地球で人間として生きた聖人よ。地上では不老不死として知られていた彼は、今ではこちらの世界にやってきてアセンディッドマスターとして、紫の炎（バイオレットフレーム）を用いて人々の変容と浄化を促してくれるわ」

すると、クリアな水晶たちが紫色のアメジストに変わり、紫色のマントを翻し、紫色のエネルギーに包まれながらも目だけは金色をしたその男性が僕にテレパシーを送ってくる。

「ここで、宣言したまえ！　これまでの、ダメな自分を燃やしつくす。自信のない自分も燃やしつくす、と。何よりも、ダメだとか自信がないとか、落ちこぼれだと思ってしまうその性格を燃やしつくす、と」

有無をも言わさない雰囲気の中、僕は大きな声でセントジャーメインが伝えてきたことを繰り返した。

「ダメな自分を燃やしつくす！　自信のない自分も燃やしつくす！　そして、そう思ってしまう自分の性格も燃やしつくす！」

言葉に出している端《はな》から、炎が燃え上がるように、宙に発信された言葉たちがメラメラと燃えては消えていくようだった。

ホログラムのように目の前に立っていたセントジャーメインの姿も次第に形を無くして

いった。

アメジストに変わっていた水晶も、また透明度を取り戻していく。

「後のことは、今から地球に帰るガイア君次第よ」

観音様が与えてくれる無償の愛

そう言われて、なんとなく全身にみなぎってくる力を感じてきた僕は、最後に勇気を出して普通だったら到底言えないことをシリウスちゃんに頼んでみた。

「もうひとついい？　僕は生まれてこのかた、ほとんど〝幸せ〟という感覚を味わったことがないんだ。恋愛にも恵まれない僕は、愛だって感じたことがない。もちろん、母親が僕に文句を言いながらも、愛情を与えてくれているのはわかるけれど。でも、世の中で言う愛とか幸せとかは、このまま僕には無縁なのかな、と思ってしまうことがあるんだ……」

またもや、そう話していると胸のあたりに寂寥《せきりょう》感が襲ってくる。

すると、やれやれ、と言わんばかりのシリウスちゃんが指導するような口調に変わる。

「**ガイア君にもたくさんの愛が降り注いでいるのに、気づいていないのはガイア君だけよ。あなた自身が見ないようにしているだけ。**だからこそ、ここで愛を思い切り受け取っていく必要があるわね。では、ここでピンク色を頭の中心部に思い浮かべてみて」

想像している途中から、あたりの水晶が今度は再び透明からピンク色に変わり、ローズクォーツになった。

「今、この瞬間にこの空間から放射されている愛のエネルギーを感じてみて。実は、地球にいても、いつでもこのエネルギーは降り注いでいるのよ、このエネルギーのことは、きちんと憶えているはず。そして、これからも、このエネルギーのことは忘れないはずよ」

そう言っているシリウスちゃんの姿が、ピンク色の靄《もや》の中で女性の仏様の形を取りはじめる。

「ああ、観音様だ……」

観音様の全身から放射されるピンク色の光がレーザー光線のように空間を埋め尽くす。
シリウスちゃんの可憐な目が、観音菩薩の仏像のように慈愛をたたえて僕を見つめている。
そのとき、愛と言われるエネルギーの本質は、本来ならこんな感覚だったんだ、という衝撃が心臓のあたりをめがけて飛び込んできた。

それは、片思いで胸がトキメいたり、J‐POPの歌詞なんかが謡う男女の恋愛のエネルギーとも違う感覚。

また、親子や兄弟という血のつながった人たちだけが持つ閉鎖的な家族愛とも違い、仲のいい友達や気の合う仲間たちとの絆や友愛のエネルギーとも違う、すべてをつなぐ愛のエネルギー。

ただ、初めて感じる〝命が存在すること〟だけがすべて、それだけで愛おしいという、自分の永遠の魂を感じるエネルギー。

そして、自分が家族や仲間や、自分にとって大切な人だとする人を超えてすべてのものとつながっているという感覚。

この空間にあるクリスタルの水晶ひとつひとつだけでなく、星々や空や草原や海やここで出会ったイルカたちに遊園地のドラゴンに戦争の国の兵士たち、そしてさっきバーチャルで訪れた地球のさまざまな場所ともつながっている、ということがわかった。

つながっている、というかそれらのすべても僕なんだ、という感覚。

そして、それこそが愛なんだ、という気づき。

その愛は、ひと言で言えば無償の愛。

しばらくの間、恍惚感のままその場に立ち尽くしてしまう。

視界の先のピンク色がにじんでいることで、ここへきて初めて僕の目から涙があふれていることに気づいた。

「今ここで、**ガイア君のハートと松果体がつながったのね。最後の最後に、勇気を出して愛を求めてくれてありがとう。これで、ガイア君は自分の望むパラレル宇宙に移行できるはずよ。**シリウスを本当に上手く乗りこなしたわね。さあ、これでシリウスは卒業よ。地球へ戻るときが来たわ。あとは地球でここでの学びを生かした人生を送ること。それが、これからの地球人への贈り物になるのよ」

いつの間にか、観音様から元の姿に戻っていたシリウスちゃんから別れの言葉を告げられる。

でも、帰るっていっても、どうやって戻るんだろう？

それに、また、いつかシリウスちゃんに会えるのかな？

そう思った瞬間、シリウスちゃんが僕に最後にひと言告げた。

「いつでも、一瞬でつながれるのがもうわかったでしょう？」

そういうと、シリウスちゃんはクリスタルの宮殿の扉を指さして、「お行きなさい！」と僕を促す。

扉の前に立ち、後ろを振り向くと、もうシリウスちゃんの姿はなかった。

扉の外にあるのは、二つの道

扉を開けた瞬間、目の前には二つの道があった。

実際には、もっとたくさんの道があるけれども、この扉から直接続いているのは二つの道だった。

それは、今のこの僕の波動にぴったり合うパラレルワールドが目の前に登場している、ということだった。

その道を選ぶのは、僕次第だった。

さあ、どちらに行くべきか。

そう思った瞬間、二つのパラレルワールドの中で生きる僕の人生が洪水のように一気になだれ込んでくる。

すべてがフラッシュで点滅するように見えた未来のひとつは、自信を得た僕の人生であることがわかった。

そして、もうひとつの未来は、愛に生きる僕の人生だった。

それぞれのパラレルワールドでは、新しい未来だけでなく、過去においてもそこで生きるもう一人の僕がいて、僕の家族や周囲の人たちもすべて僕のその人生に合った人生を送っている。

僕は、そのうちのひとつのパラレルを瞬時に選ぶと、その片方の道に足を一歩前に踏み出した。

新たな人生を歩むために。

新しい僕を生きるために。

Chapter 8

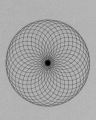

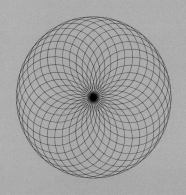

さあ、新しい僕へ、新しい地球へ

ひとつのパラレル

扉を開けて、少し時間が経ったような気がした頃、僕は長い夢から目が覚めた。

どういうわけか、今日は目覚ましが鳴らなかった。

なんだか、とてつもなくディープな夢を見ていたようだ。

まるで、夢の中にいた僕の方が本物の僕なのじゃないか、と思うくらいリアルな夢だった。


ここは、ニューヨーク。

アパートのあるブルックリンからマンハッタンのミッドタウンまで、遅刻しそうな僕は焦りながら出勤の支度をする。

日本の大手不動産の海外支社に勤務する僕は、４年前からＮＹのオフィスに勤務していた。

同期の仲間たちからは出世頭とからかわれているけれど、独身で身軽な僕は、単に会社にとっては海外赴任をさせるのに好都合だったのだろうと思っている。

でも、大学の頃からいつか世界を舞台に働きたいと思っていた僕の毎日は充実している。この海外勤務が終われば、来年には日本の本社に戻って、都市と自然が共存できるオフィスビルや建築物の建設の部署の立ち上げのメンバーに加わるつもりだ。今日は、明日からやっと取れる休暇で1週間不在にするために、今日だけで打ち合わせが5本も入っているので忙しくなりそうだ。

そう、実は、明日から2年ぶりに日本の横浜の実家に帰ることができるのだった。なんと、母親が趣味の絵画の会で出会った新たなパートナーと、この度、再婚することになり、その結婚式のために帰るのだ。

未婚の僕を差し置いて67歳にもなっていい歳をして、と息子ながらに思うけれども、二度目の結婚をする母親は、電話の向こうでとても幸せそうだ。

「35歳にもなって、何をやっているの？　仕事もいいけれど、そろそろ身を固めてね」

そんな小言を言う母親の声も幸せそうだ。

僕が大学を卒業するのを待ち、父親と離婚した頃の母は精神的にもつらい日々を送っていたようだ。


そんな独りぼっちになった母親を残して海外赴任をせざるを得なかった僕だけれど、おかげ様で社交ダンスや絵画教室と趣味の世界に身を投じた母親には、新しい幸せが訪れたのだ。


離婚した父の方も、悠々自適にやっている。

離婚当時はいろいろあった二人も、今となっては母親とも茶飲み友達になれたそうで、母親の結婚式には参列するそうだ。

なんだか、ちょっと不思議なカップルだ。

人生１００年と言われている今の時代の後半は、こんな生き方でもいいんだろうな。

仕事一筋の僕だけれど、彼らのように自分らしく生きて行こうと思う。

そんなことを思いながら、今、僕はアパートメントを出て、ミッドタウンのオフィスへ向かう地下鉄の駅まで早歩きをしている。

ふと歩きながら、夢の中の自分が一瞬浮かんできた。

なんだかドラエもんののび太みたいな僕が、ちょっと情けなくて、そして愛おしかった。

とにかく、今はひさびさの日本が楽しみでならない。

まずは、空港についたら、コンビニに行ってプリンを買うんだ!

もうひとつのパラレル

僕は、長い夢から目が覚めた。

そのあまりにリアルでディープな夢のせいで、起きた瞬間に、どっと疲れてしまうほどだった。

しばらくは、ぼんやりしながらたった今、夢で見てきたことを反芻《はんすう》しようとしている。

それでも、僕の意図に反して、さっきまでの鮮やかすぎるひとつひとつのシーンが「忘れなさい！」と言わんばかりに、自分の中から流れ落ちていくように記憶から消え去っていった。

ふと、あたりを見回すと、僕は古びたソファーの上にいることに気づいた。

ソファーの上には、本格的に寝てしまったせいか、ちょっとヨダレがついている。

それをぬぐって、僕は「よしっ！」と自分に気合いをいれるように上半身を起こした。

そう、地方の小さな町の不動産屋のオーナーをしている僕は、昼休みは自動ドアの扉に掲げている「ＯＰＥＮ」の看板を反対にして、事務所の隅の応接室にあるソファーでちょっと横になって昼寝をすることが多い。

昨日の夜、生まれたばかりの子どもが夜泣きをしていたせいで睡眠不足だったからか、今日はついついぐっすりとここで寝てしまったようだ。

今日は事務を手伝ってくれているパートの鈴木さんも、午後から子どもの学校の行事ということで午前中の勤務だけで帰ってしまった。

午後からは一人きりだから、ちょっと気がゆるんでいたのかもしれない。

今は不動産屋としては閑散期のシーズン。

もっとも、こんな田舎の地方では、いわゆる引っ越しシーズンの春を除くと、あとはだいたいが閑散期と言ってもいいくらいなのだけれども。

数年前まで、横浜で中堅の不動産会社に勤めていた僕は、社内恋愛で結婚した妻の出身地であるこの田舎にやってきたのだ。

そう、いわゆるUターンならぬ、Iターンというやつだ。

そして3年前から、この小さな町で不動産屋をはじめたのだ。

今日は夕方から一件、単身赴任にやってくるお客さんからの内見の予定が入っているくらい。

いくつかの不動産屋を回っているみたいだけれども、うちの物件に決めてくれればいいな、と思う。

もともと、人との競争がきらいでのんびりしている僕には、こんな暮らしが合っているようだ。

今の僕は、都会でしのぎを削ってキャリアを追求するよりも、ストレスのない人生を選んだことに満足している。

幸せの価値観はそれぞれだと思っているから。

特に、今の楽しみは、生まれたばかりの息子の成長を見ること。

子でもが生まれるまで、自分でもこんなに子煩悩だなんて気づかなかった。

横浜にいる母親も、父親を昨年亡くしてからは、寂しいのか孫の顔を見にちょくちょく新幹線に乗ってわざわざ僕たちに会いにやってくるようになった。

母親が寂しい思いをしないですむように、いつかは、僕たち一家と一緒に住んであげられるといいなと思っている。

さてと、表の看板をまた「ＯＰＥＮ」にしなくちゃ。

そのついでに、隣のコンビニで目覚ましのコーヒーと大好きなプリンでも買ってくるかな。

ちょっとした自分へのご褒美があれば、午後からだって頑張れそうだ。

おわりに

本書を最後まで読んでいただき、ありがとうございます。

さて、ガイア君は、最後はどちらのパラレルワールドへとシフトしていったのでしょうか？
彼が選んだ新しい自分、そして新しい地球はどちらの道だったのでしょう？

それは、この私にもわかりません。
ただし、そのどちらの道にしても、新しいバージョンのガイア君は高次元シリウスで学んだことを最大限に生かせる自分に生まれ変わったはずです。

実は、ガイア君だけでなく、この小説を読み終えたあなたも、読む前に比べて新しいあなたになっているのです。

「えっ？　それは小説の中だけでしょ！」

そう思う読者の方も多いかもしれません。


けれども、今この時点でまだピン！と来ていなくても、あなたは、この本を閉じた時点から、今の現実を生きている日々の中で、これからの一瞬一瞬における選択が変わってくるはずなのです。

それはつまり、あなたがその都度、新たなパラレルワールドに移行しているということでもあるのです。

何しろ、あなたもガイア君と一緒に小説の中でシリウスに旅をしていたのですから。


ちなみに、この私もときどきシリウスに遊びに行っているようです。

シリウスちゃんが小説の中でガイア君を導く数々の教えは、私の松果体を通してダウンロードされてくる情報がほとんどです。

それは、松果体のポータルが開いているときに、「あ！　降りて来た！」と直感のようにもたらされるものです。

けれども先日、ＵＦＯや地球外知的生命体にも詳しい理論物理学者の保江邦夫先生とお話をしていた際に、初めてお会いしたにもかかわらず、保江先生に「僕たちは、よく一緒に10人くらいのグループで、シリウスの宇宙船に乗っているんですよ」と言われて驚きました。

つまり、シリウスちゃんの教えは、実際に私がシリウスで学んできたものも含まれているのです。自覚していない間にシリウスの宇宙船に乗船していることについては、そのときのことを憶えている人と憶えていない人がいるらしいのですが、私の場合はあえて憶えていないようになっているらしいのです。

ということは、ガイア君が旅をしてきたさまざまなシリウスの〝国々〟を、きっと私も旅してきているのです。

なぜならば、動物の国も、遊園地の国も、水晶の国もすべて私の中に色鮮やかにイキイキと息づいているからです。

そんなシリウスにあるさまざまなミラクルの世界を、ぜひ、あなたにも楽しみながら乗りこなしてほしいと思っています。

さて、この小説は毎日、さえないサラリーマン人生を送っている35歳のガイア君が主人公でした。
そこで、主人公に共感できる境遇や年代の方々にこの小説をおすすめしたいのですが、できれば、親子の皆さんたちにもぜひこの小説を読んでいただきたいと思っています。

というのも、通常、両親は子どもを育てるときに、「これは正しい」「これは間違い」という社会の常識や固定観念からの視点で教育を行っています。
そんなガチガチの教育観が根付いてしまっている親御さんたちにこそ、地球にはないシリウスの目からウロコの概念や考え方を理解しておいていただきたいのです。

実は今、この時代に生まれる子どもたちの中には、高次元の教えをきちんと記憶として持って生まれてきた子どもたちが、どんどん増えてきているのです。

産婦人科医で「胎内記憶」についての専門家でもある池川明先生によると、特に今年になって、高次元の記憶をそのまま持って生まれてきた子どもたちが増えているとのことです。

悲しみを悲しみと捉えず、笑いに変えたり、笑顔に変えたりできる、そんな常識や固定観念とは無縁の〝高次元チルドレン〟たちがぞくぞくと地球にやって来ているのです。

私は常々、地球の非常識は高次元の常識と申していますが、親子でこの小説を楽しんでいただくことで、高次元の常識を地球の常識として、受け取っていただけるのです。

そうすると、高次元チルドレンたちは、そのまま自由にのびのびと育つことができるのです。

ガイア君は、シリウスをまるで夢の国やファンタジーの世界を旅するように楽しんでいました。

けれども、すでにお気づきかもしれませんが、本当のファンタジーワールドや夢の国はこの地球そのものなのです。

ぜひ、生まれ変わった新しいあなたになって、この夢の国である地球を思うがままに生きていってほしいと願っています。

――あなたの移行したパラレルワールドでも再び出会えることを祈って

ドクタードルフィン　松久正

松久 正 (Tadashi Matsuhisa)

∞ishi ドクタードルフィン

鎌倉ドクタードルフィン診療所院長。日本整形外科学会認定 整形外科専門医。日本医師会認定健康スポーツ医。米国公認ドクターオブカイロプラクティック。慶應義塾大学医学部卒業、米国パーマーカイロプラクティック大学卒業。地球社会と地球人類の封印を解き覚醒させる使命を持つ。自身で開発したDNAビッグバンという超高次元DNA手術(松果体DNAリニューアル)やセルフワークにより、人生と身体のシナリオを修正・書き換え、もがかずに楽で愉しい「お喜びさま」「ぷあぷあ」新地球人を創造する。高次元シリウスのサポートで完成された超次元・超時空間松果体覚醒医学 ∞ IGAKUの診療には、全国各地・海外からの新規患者予約が数年待ち。世界初の超時空間遠隔医学・診療を世に発信する。セミナー、ツアー、スクール(学園、塾)開催、ラジオ、ブログ、メルマガ、動画で活躍中。

ドクタードルフィン公式メールマガジン(無料)は、公式HPで登録受付にて月二回配信。動画映像からスペシャル高次元DNAコードをコードインする会員制のプレミアムサロン「ドクタードルフィンDiamond 倶楽部」は、常時、公式HPにて、入会受付中。公式HPのオフィシャルショップでは、ドクタードルフィンのエネルギーを注入したスペシャルパワーグッズを販売。

近著に、『地球初! ペットと動物のココロが望む世界を創る方法』『ドクタードルフィンの高次元DNAコード 覚醒への突然変異』(ともにヒカルランド)、『多次元パラレル自分宇宙 望む自分になれるんだ』(徳間書店)、『覚醒する新地球人の合言葉 これでいいのだ! ヘンタイでいいのだ!』(ヴォイス)の他、『シリウスがもう止まらない』『ドクタードルフィンのシリウス超医学』『水晶(珪素)化する地球人の秘密』(いずれもヒカルランド)、『松果体革命』『松果体革命パワーブック』『Dr. ドルフィンの地球人革命』(いずれもナチュラルスピリット)、『ワクワクからぷあぷあへ』(ライトワーカー)、『からまった心と体のほどきかた』(PHP研究所)、『あなたの宇宙人バイブレーションが覚醒します!』(徳間書店)など多数。また、『「首の後ろを押す」と病気が治る』は健康本ベストセラーとなっており、『「首の後ろを押す」と病気が勝手に治りだす』(ともにマキノ出版)はその最新版。今後もさらに続々と新刊が出版予定の今、世界で最も時代の波に乗るドクター。
ドクタードルフィン公式ホームページ
https://drdolphin.jp/

シリウス旅行記

フツーの地球人が新しい地球と自分に出会うための異次元の旅

2019年 3 月 15 日　第1版第1刷発行

著　者	松久正（∞ishi ドクタードルフィン）
編　集	西元啓子
校　閲	野崎清春
装幀・イラスト	藤井由美子
発行者	大森 浩司
発行所	株式会社　ヴォイス　出版事業部 〒106-0031 東京都港区西麻布3-24-17 広瀬ビル ☎ 03-5474-5777（代表） ☎ 03-3408-7473（編集） FAX 03-5411-1939 www.voice-inc.co.jp
印刷・製本	株式会社光邦

ISBN978-4-89976-489-2